튀르키예

TÜRKİYE

튀르키예

TÜRKİYE

샬럿 맥퍼슨 지음 | **박수철** 옮김

세계의 **풍습과 문화**가
궁금한 이들을 위한
필수 안내서

세계 문화 여행 _ 튀르키예

발행일 2023년 5월 4일 초판 1쇄 발행
지은이 샬럿 맥퍼슨
옮긴이 박수철
발행인 강학경
발행처 시그마북스
마케팅 정제용
에디터 최연정, 최윤정, 양수진
디자인 김문배, 강경희

등록번호 제10-965호
주소 서울특별시 영등포구 양평로 22길 21 선유도코오롱디지털타워 A402호
전자우편 sigmabooks@spress.co.kr
홈페이지 http://www.sigmabooks.co.kr
전화 (02) 2062-5288~9
팩시밀리 (02) 323-4197
ISBN 979-11-6862-131-2 (04900)
978-89-8445-911-3 (세트)

CULTURE SMART! TURKEY

Cover image: Whirling Dervish sufi religious dance. © Adobe Stock/muratart.
Shutterstock: 16 by Sadik Gulec; 17, 54, 211 by muratart; 43 by Sasa Dzambic Photography; 52 by Nick N A; 57, 102 by Cem
OZER; 81 by Ali _Cobanoglu; 92 by YucelCobandir; 105 by epic_images; 113 by Nejdet Duzen; 114 by Orlok; 120 by al-
tanakin; 122 by Max Zvonarev; 143 by Yavuz Sariyildiz; 154, 158 by YusufAslan; 169 by Kurkul; 173 by Elena Eryomenko;
174 by Iz89; 177 by Enez Selvi; 180 by Konstantin Tsymbalistyy; 191 by Dreamer Company; 202, 248 by Finn stock; 214
by Thom\-asDeco; 216 by Ali Efe Yilmaz; 218 by Tekkol; 219 by Nelson Antoine; 228 by Arsgera; 230 by SARYMSAKOV
ANDREY; 236 by Romankonovalov; 252 by Stephen Bridger; 253 by Morrowind.
Unsplash: 14 by Giuseppe Mondi; 72 by Daniel Burka; 87 by Raimond Klavins; 98 by Emir Eğricesu; 136 by Volkan Vardar;
139 by alevision.co; 166 by João Marcelo Martins; 180 by Konstantin Tsymbalistyy.
Creative Commons Attribution-Share Alike 3.0 Unported: 241 by Senesenevler.
Creative Commons Attribution 2.0 Generic: 20 by Ryan Baumann.
Public Domain: 23, 24, 28, 31, 33, 37.

튀르키예 전도

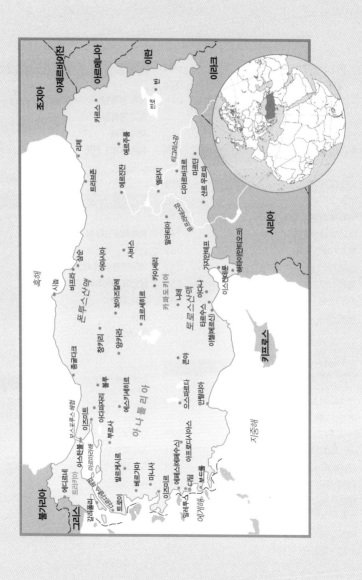

차 례

튀르키예는 언제나 여행자들에게 손짓하는 곳이었다. 여러 문화가 공존한 오스만 제국과 오늘날의 튀르키예 공화국의 심장부인 드넓은 소아시아에는 몇 세기에 걸친 문명의 교체로 일어난 이주의 물결 때문에 특이하고 찬란한 문화유산이 많이 남아 있다. 소아시아 지역의 장엄한 경치, 웅장한 유적, 기막히게 아름답고 긴 백사장, 그리고 현지인의 뜨거운 환대는 여전히 방문객들을 유혹하고 있다.

얼핏 튀르키예는 여러 측면에서 서구화되고 현대화된 나라처럼 보인다. 하지만 겉모습만으로 판단하면 곤란하다. 튀르키예는 대비의 땅이다. 즉 동양적 신비와 낭만과 초현대적 도시 생활, 단단한 종교적 믿음과 확고한 세속주의, 국민적 자부심과 외래 사상에 대한 개방성 같은 요소들이 서로 긴장을 이루며 혼재하는 곳이다. 튀르키예 문화는 유럽의 생활 방식과 중동의 생활 방식이 독특하게 뒤섞인 문화이다.

현대 튀르키예의 탄생에는 한 위인의 업적이 있었다. 1923

년 정권을 잡은 무스타파 케말(아타튀르크, '튀르키예인의 아버지'라 불린다)이 절대 봉건군주국을 오늘날의 세속적 민주주의 이슬람 국가로 변모시켰다. 그가 이끈 1인 혁명에는 풍성한 이야기가 담겨 있으며 그는 널리 추앙되고 있다. 아타튀르크의 초상화는 아직 튀르키예 어디에나 남아 있고, 그의 유산은 국민적 자부심의 원천이다. 하지만 최근 몇 년 사이에, 종교적 보수주의자들은 케말주의적 기득권 세력의 세속주의와 민족주의를 압제적 사상으로 인식하는 듯하다. 1980년대에 시작된 이슬람 두건(headscarf, 혹은 이슬람 머리쓰개) 논쟁이 이 같은 긴장 상태의 한 가지 사례이다.

튀르키예인들은 무척 자기 중심적이다. 따라서 방문객들은 신기한 행운을 누릴 수도 있지만 자칫 함정에 빠질 가능성도 있다. 이 책의 목표는 독자 여러분이 튀르키예인의 생활에서 엿보이는 역설을 이해하도록 돕는 것이다. 이 책에는 아나톨리아의 복잡한 역사가, 그리고 특히 제1차 세계대전 이후의 형성기가 약술되어 있다. 튀르키예인의 가치관과 태도를 통찰할 수 있는 열쇠가 담겨 있으며, 중요한 관습과 전통이 설명되어 있고, 튀르키예인의 가정생활, 직장생활, 여가생활이 펼쳐져 있다. 아울러 다양한 상황에서의 행동 수칙과 돌발 변수에 관한 조언과 정보가 실려 있다.

이 매혹적이고 중요한 나라는 유럽 문화와 이슬람 문화의 요람일 뿐 아니라 사업을 진전시키거나 학문을 연구하거나 즐거운 탐험에 나설 기회도 잡을 수 있는 곳이다. 튀르키예인은 무척 친절하고 개방적이며 외국인을 기꺼이 만난다. 여러분이 튀르키예 문화에 관심을 나타내고 튀르키예인의 관점을 존중하면 몇 배의 보답을 받을 수 있을 것이다.

공식 명칭	튀르키예 공화국(Republic of Turkey)	튀르키예 줌후리예티
수도	앙카라	인구 약 570만 명(2020년 기준)
주요 도시	이스탄불(공식 인구 1,580만 명, 비공식 인구 1,600~1,800만 명)	기타 도시: 이즈미르, 부르사, 아다나, 가지안테프, 콘야, 안탈리아, 디야르바크르, 메르신
인구	8,581만 6,199명(2023년 4월 기준)	
면적	78만 3,562km²(남한의 약 7.8배)	국토의 97%는 아시아에, 3%는 유럽에 속함
기후	흑해 연안: 강수량이 많고 온화함 / 중부 및 동부 아나톨리아: 여름이 덥고 건조하며 겨울은 추움 / 에게해와 지중해 연안: 전형적인 지중해성 기후	
언어	튀르키예어. 표기는 로마자를 사용	소수 언어: 쿠르드어, 아라비아어, 아르메니아어, 그리스어
종교	세속 공화국으로 인구의 99.8%가 이슬람교도	기타 종교: 기독교와 유대교
정부	세속 민주공화제	2017년에 대통령 중심제가 도입되었다. 대통령은 국가원수와 정부수반을 겸하고, 5년마다 직접 선거로 선출된다.
통화	튀르키예 리라(TRY)	

경제	주요 수출품은 자동차, 차량 부품, 기계류(예를 들면 컴퓨터), 금, 철(鐵), 강(鋼), 원유, 정유(精油), 수제 양탄자 등이다.	주요 수입품은 금, 정유, 자동차, 차량 부품, 고철, 합성사(合成絲), 해바라기 씨 등이다.
매체	TRT는 국영 텔레비전 및 라디오 방송망이며 지방 방송국과 상업 위성 방송국이 많다.	민간 라디오 방송국이 여럿 있으며 터키어와 영어와 그 밖의 언어를 쓰는 다양한 신문과 잡지가 있다.
전압	220V, 50Hz	2구 플러그 사용
DVD/비디오	텔레비전과 비디오는 PAL 방식. 일부 장치는 NTSC 방식의 영상 재생 가능	DVD는 유럽 지역 코드이며 비디오 플레이어는 대부분 DVD 플레이어로 대체됨
인터넷 도메인	.tr	
전화	국가번호 90	
시간대	우리나라보다 6시간 느림	

01

영토와 국민

튀르키예는 유럽 남동부 가장자리에 위치해 있다. 위도상으로 볼 때 튀르키예는 대체로 온화한 기후나 지중해성 기후를 띨 것 같다. 그러나 지형적 특성으로 인해 튀르키예의 기후는 지역마다 다르다. 튀르키예인들에 따르면 국내의 다양한 지역을 이동할 경우 하루에 사계절을 모두 경험할 수 있다고 한다.

지리적 개관

튀르키예는 유럽 남동부 가장자리에 위치해 있다. 튀르키예의 영토는 유럽과 아시아를 가로지르는 해협인 다르다넬스 해협, 마르마라해, 보스포루스 해협의 양쪽에 걸쳐 있다. 국토 면적의 3%는 유럽에 속하고, 나머지 97%는 아시아에 포함된다. 유럽에 속하는 영토는 그리스 및 불가리아와 국경을 맞대고 있다.

아시아에 속하는 광대한 아나톨리아 지역은 동쪽과 남쪽에서 조지아, 아르메니아, 아제르바이잔, 이란, 이라크, 시리아 등과 국경을 이룬다. 튀르키예는 삼면이 바다로 둘러싸여 있다. 서쪽에는 에게해, 남쪽에는 지중해, 북쪽에는 흑해가 있다.

튀르키예의 유럽 쪽 영토는 인구밀도가 가장 높다. 아나톨리아 지역의 인구밀도는 이스탄불, 부르사, 이즈미르, 이즈미트 같은 서쪽의 도심지에서 가장 높고, 동쪽으로 갈수록 낮아진다. 내륙의 경우 인구는 강의 물줄기를 따라, 그리고 앙카라, 에스키셰히르, 콘야, 에르주룸, 말라티아, 카이세리 같은 도시에 집중적으로 분포되어 있다. 중부 아나톨리아 고지대는 굽이치는 언덕과 넓고 높은 고원(여기서 몇몇 산맥이 솟아난다)으로 이

폰투스산맥의 카라다에 있는 소우멜라 수도원

뭐져 있다. 남쪽 해안의 인구는 항구도시 이스켄데룬을 품은 하타이주뿐 아니라 안탈리아와 아다나의 비옥한 평원 지대에도 모여 있다. 인구는 농촌에서 도시로 꾸준히 이동하는 중이다. 지난 10년 동안 튀르키예 정부가 주변부 지역의 소도시와 도시를 대상으로 유적 보존, 도시 재생, 지역사회 개발, 고속철도 연결로, 지속 가능한 관광 등의 분야에 투자함으로써 주요 도심지로의 인구 유입을 줄이려고 애썼다. 하지만 세계 각국과 마찬가지로 사람들이 농촌 지역에서 도시로 이동하는 추세가

튀르키예 동부의 소도시 도우베야즈트에서 바라본 아라라트산

지속되고 있다.

중부 아나톨리아 고지대는 두 개의 거대한 산악 지대인 북쪽의 폰투스산맥과 남쪽의 토로스산맥에 에워싸여 있다. 가장 유명한 산은 동쪽의 아라라트산이다. 아라라트산은 노아의 방주가 표류하다가 도착했다는 곳이다. 튀르키예에는 중동 지역의 활력소인 물이 풍부하다. 중동 지역에서 가장 유명한 강인 티그리스강과 유프라테스강 모두 튀르키예에서 발원한다.

기후

위도상으로 볼 때 튀르키예는 대체로 온화한 기후나 지중해성 기후를 띨 것 같다. 그러나 지형적 특성으로 인해 튀르키예의 기후는 지역마다 다르다. 튀르키예인들에 따르면 국내의 다양한 지역을 이동할 경우 하루에 사계절을 모두 경험할 수 있다고 한다. 흑해 연안은 전반적으로 여름이 선선하고 겨울이 따뜻하다. 이곳은 비가 가장 많이 내리는 지역이고(여행할 때는 우산을 지참하라), 차 재배지로 유명하다.

지중해와 에게해 연안의 기후는 전형적인 지중해성 기후이다. 여름은 길고 덥고 건조하며, 겨울은 따뜻하다.

마르마라해 연안은 앞의 두 지역 사이의 기후 점이 지대이다. 여름은 덥지만, 그다지 건조하지는 않다. 겨울은 서늘하고, 가끔 서리가 내리거나 갑자기 눈이 올 때가 있다.

중부 아나톨리아 지역은 뚜렷한 대륙성 기후를 보인다. 더운 여름에는 영상 30도를 오르내리지만, 몹시 춥고 눈이 많이 오는 겨울에는 때때로 영하 30도까지 떨어진다. 1년 내내 낮과 밤의 일교차가 클 수 있다.

역사적 개관

11세기에 아나톨리아로 이주한 튀르크인들은 앞서 그 지역을 거쳐 간 여러 전통의 산물인 국제적 문명과 마주했다. 튀르크인들의 관용, 다원주의, 새로운 사상에 대한 개방적 태도는 문화 교류로 이어졌고, 그것은 다시 이슬람교적 인본주의가 만개하는 결과를 낳았다. 튀르크인들은 포용성을 자랑하는 대제국을 건설했고, 그들의 제국은 여러 집단을 흡수하고 변화시키면서 약 1000년 동안 존속했다. 오늘날 튀르키예인들은 그 빛나는 업적을 자랑스러워할 뿐 아니라 고토故土를 거쳐 간 여러 고대 문명이 인류 문명 계승의 일부분이라는 사실에도 긍지를 갖고 있다.

【 초기 아나톨리아 문명 】

기원전 7천년기와 6천년기로 거슬러 올라가는, 도자기, 종교 제단, 장식된 가옥을 갖춘 고도의 신석기 시대(기원전 8000~5000년) 취락이 중부 아나톨리아의 하질라르와 차탈회위크에서 발견되었다.

청동기 시대(기원전 3000~2000년)에는 두 개의 주목할 만한 문명이 발생했다. 메소포타미아 문명의 영향을 받아 형성된 중부 및 남동부 아나톨리아의 하티 왕국과 트로이에 자리 잡은 북서부 아나톨리아의 미케네 취락이 그것이다. 기원전 2천년기 초반, 인도유럽어족에 속하는 민족인 히타이트족이 캅카스산맥을 거쳐 아나톨리아에 진입하면서 서서히 하티 왕국을 흡수했다. 하투샤(오늘날 튀르키예의 보아즈칼레)를 수도로 삼았던 그들의 막강한 제국은 기원전 13세기에 이집트와 함께 근동 지역의 패권을 다퉜다. 히타이트족과 거의 동시대에 존재했던 것은, 동부 아나톨리아에서 후르리어를 사용한 미탄니족과 호

기원전 14세기로 거슬러 올라가는 히타이트족의 희귀한 인공 유물인 주먹 모양의 은제 술잔

메로스의 『일리아스』에 나오는 일리온이다. 커다란 성벽을 두른 채 헬레스폰투스 해협(오늘날의 다르다넬스 해협)을 호령했던 일리온은 트로이 유적 제6층 문명에 해당한다.

기원전 1200년경 트라키아 출신의 인도유럽 부족의 침입으로 트로이와 하투샤가 철저히 파괴되면서 암흑기가 찾아왔다. 철기 시대(기원전 1000년경)에 이르러 아나톨리아 지역은 규모와 민족성과 문화가 다른 여러 개의 공국으로 나뉘었다. 그 공국들에는 남동부 아나톨리아와 북부 시리아의 후기 히타이트, 반호 지역과 이란 일부 지역의 우라르투, 중부 및 남동부 아나톨리아의 프리기아, 서부와 남서부의 리디아, 카리아, 리키아, 이오니아 등이 포함되었다.

프리기아족은 주요 세력이 되었고, 앙카라와 에스키셰히르 Eskişehir 사이의 고르디온Gordion을 수도로 삼았다. 오늘날 에스키셰히르 주변에는 프리기아의 마지막 왕인 미다스Midas(기원전 715년경)의 기념물들이 남아있다.

리디아 왕국(기원전 750~300년)은 역사상 최초로 화폐 주조제도를 고안해 상업혁명을 일으켰다. 수도인 사르디스는 금광 덕분에 고대 세계에서 가장 부유한 도시였다고 전해진다. 마지막 왕 크로이소스의 부와 권력은 널리 알려졌다.

이오니아 지역의 그리스인들은 기원전 1050년경에 아나톨리아의 서해안을 식민지로 삼기 시작했다. 그들이 세운 도시국가로는 밀레투스와 에페수스를 꼽을 수 있다. 그 두 도시국가는 최전성기인 기원전 6세기에 인류에게 철학과 자유로운 과학적 사고를 선사했고, 시와 예술의 중심지가 되었다.

기원전 546년에 리디아의 크로이소스가 페르시아의 키루스 대왕에게 패배한 뒤, 아나톨리아는 페르시아의 지배하에 놓였다. 자국의 역사상 최초로 리디아는 아시아와 유럽의 다리 역할을 맡게 되었다. 페르시아인들이 건설한 왕도王道는 이란과 에게해 연안을 연결했기 때문이다.

[헬레니즘 시대]

알렉산더 대왕이 기원전 333년에 이수스 전투에서 페르시아에게 거둔 승리 덕택에 아나톨리아의 그리스 도시들이 독립을 되찾았고, 문화적 패권을 회복했다. 알렉산더 대왕의 죽음 이후 서부 아나톨리아의 페르가몬 왕국은 문화, 과학, 예술 등의 분야에서 알렉산드리아와 경쟁했다.

이소스 전투에 나선 알렉산드로스 대왕의 모습을 표현한 서기 1세기의 모자이크

【 로마 시대 】

로마는 계승과 정복 및 동맹을 적절히 병행하면서 기원전 2세기부터 아나톨리아에 속주를 건설하기 시작했다. 페르가몬은 로마의 아시아 속주가 되었다. 로마의 나머지 속주는 비티니아, 폰토스, 갈라티아, 피시디아, 길리기아, 카파도키아 등이 있었다. 율리우스 카이사르는 기원전 47년에 오늘날의 토카트 근처인 젤라에서 폰토스의 파르나케스 2세에 대한 승리를 선언하며 "왔노라. 보았노라. 이겼노라"라고 말했다고 한다. 아나톨리아는 로마 제국에 예속된 상태에서 번영을 누렸다. 로마의

최신 디자인과 기술을 사용한 호화로운 도시가 새로 건설되었다. 2세기에 이르러 아나톨리아의 도시들은 로마와 어깨를 견주게 되었다.

【 비잔틴 문명 】

아나톨리아는 기독교의 요람이었다. 성聖 바울은 길리기아의 타르수스에서 태어났다. 1세기에 그가 여러 차례 나선 선교 여행의 배경은 에페수스, 콘야, 트로아스, 밀레투스, 골로새 같은 아나톨리아의 도시들이었다. 그리스도의 추종자들은 오늘날 시리아와의 국경 근처에 있는 안티오크의 '그리스도인들'이라는 이름으로 불렸다. 바울과 베드로의 여러 편지는 아나톨리아의 신자들에게 전해졌다. 계시록의 일곱 교회는 모두 서부 아나톨리아에 있었다. 서기 325년 니케아(이즈니크)에서 기독교 최초의 공의회가 열렸다. 니케아 공의회

성 소피아 대성당을 선물로 바치는 콘스탄티누스 대제의 모습을 표현한 벽화

는 삼위일체 교리를 선언했고, 니케아 신경信經을 확정했다.

서기 330년 콘스탄티누스 대제는 고대 도시 비잔티움을 로마 제국의 동쪽 수도로 삼으면서 콘스탄티노플로 개명했다. 서기 5세기에 서로마 제국이 멸망한 뒤 동로마 제국은 여전히 로마 제국의 계승자로 자처하며 문명을 이끌어나갔다. 그 문명은 1000년 동안 버티면서 중세에 이르렀고, 동양과 서양 사이의 사상적 교류에서 필수 불가결한 역할을 맡았다. 콘스탄티노플은 세계에서 가장 중요한 지적·문화적 중심지 가운데 하나가 되었다.

[튀르크인의 도래]

현대 튀르키예인의 조상은 서기 6세기에 내륙 아시아의 대초원지대에 살았던 유목 부족이다. 이후 1000년 동안 여러 튀르크 씨족들은 일련의 정복 활동을 통해 중국에서 지중해까지 뻗은, 그리고 다양한 문화와 민족이 뒤섞인 제국을 잇달아 건설했다. 오구즈튀르크족은 서쪽에서 트란스옥시아나(대략 오늘날의 우즈베키스탄과 남서부 카자흐스탄) 쪽으로 이동해 정착했고, 이슬람교를 받아들인 뒤 남하해서 이란에 이르렀다. 거기서 그들은 튀르크와 아라비아와 페르시아의 문화를 두루 수용한 셀주크 제국을 세웠다. 오구즈 부족연맹에서 이탈한 부족들이 연이어 아나톨리아로 진입하기 시작하면서 독자적인 왕국을 세우려고 했으나 나중에 도착한 튀르크 부족 집단에게 차례대로 굴복하고 말았다.

서기 1000년경 비잔틴 제국은 서서히 쇠락하고 있었다. 제국의 본거지인 콘스탄티노플은 보스포루스 해협의 유럽 쪽 해안에 자리 잡고 있었다. 유능했던 황제 바실리우스 2세(재위 976~1025년)의 뒤를 이은 유약한 통치자들은 콘스탄티노플을 제대로 방어하지 못했다.

11세기에 이슬람 세계의 최고 종교지도자인 바그다드 칼리프가 셀주크족 용병을 고용해 자리를 보전하려고 했다. 그 결과 용병들의 지도자 투으룰이 수니파 이슬람교의 술탄이 되었다. 셀주크족은 바그다드를 장악했고, 얼마 지나지 않아 그들의 제국은 오늘날의 튀르키예, 이라크, 이란 영토를 거의 차지했다.

서기 1071년 비잔틴 제국의 황제 로마누스 4세 디오게네스의 군대는 동쪽의 반호 근처 만지케르트에서 셀주크튀르크 군대에 완패했다. 6년 뒤 셀주크족은 룸에 새로운 나라를 건설했고, 이슬람교도들은 그 나라를 동로마 제국으로 불렀다.

【 셀주크술탄국 】

룸술탄국의 셀주크족은 1097년경에 제1차 십자군에게 패한 뒤 아나톨리아 중남부의 콘야(원래 이름은 이코니움)에 수도를 세웠다. 콘야는 교차로에 위치해 있었고, 다양한 인종과 언어와 문화의 민족들이 서로 사상과 영향을 주고받는 거점 역할을 오랫동안 수행했다. 셀주크족은 새로운 수도에 웅장한 이슬람교 사원, 학원, 교역 중심지를 세우면서 문화 부흥을 이끌었다.

오늘날 남아 있는 유적과 오래된 이슬람교 사원에서 셀주크식 건축의 화려함을 알 수 있다. 이 시기는 건물을 돋을새김으로 장식할 수 있는 벽돌쌓기 기법이 발전한 것으로 유명하다. 셀주크족은 커다란 입구, 행진 용도의 안마당, 선명한 색상, 복잡한 석조 건축을 통해 빛과 그늘의 정교한 상호작용을 이끌어내고자 튀르키예, 이란, 이라크 등지의 강렬한 햇빛을 최대한 활용했다. 셀주크족 문학으로는 위대한 수피교 시인 잘랄루딘 루미와 유누스 엠레의 신비주의 작품을 꼽을 수 있다.

12세기에 비잔틴 제국은 점차 움츠러들고 있었지만, 서쪽의 십자군과 동쪽의 몽골족이 가하는 압박에 시달리던 셀주크족도 곤란하기는 마찬가지였다. 1190년대에 셀주크 제국은 외침과 내전으로 거의 붕괴 직전에 이르렀고, 1243년에 몽골군이

셀주크군을 쾨세다그에서 격파했다. 셀주크 제국은 1261년에 세력을 완전히 상실하고 말았다

【 오스만족의 발흥 】

13세기에 이란에서 몽골족이 우위를 점하면서 쫓겨난 오구즈 튀르크 부족이 소아시아로 몰려들었다. 지도자인 오스만 1세 (재위 1270~1326년)의 이름을 딴 오스만튀르크족은 북서부 아나톨리아의 비잔틴 제국과 셀주크 제국의 국경 지대의 토착 세력으로 떠올랐다. 1200년대 후반 오스만 1세는 영토 확장을 담당한 정예 전투부대인 신군新軍(예니체리)을 창설했고, 1304년

오스만 왕조의 시조인 술탄 오스만 1세

까지 마르마라해의 아시아 쪽 땅을 모조리 점령했다. 1326년 부르사가 수도가 되었다. 1350년 오스만족은 다르다넬스 해협을 건넜다. 1361년 수도는 다시 서트라키아의 에디르네(옛 아드리아노플)로 바뀌었고, 오스만족은 새로운

수도를 근거지로 삼아 발칸반도에 손을 뻗기 시작했다. 오스만족은 전략적 위치를 차지하고 사실상 콘스탄티노플을 포위하면서 비잔틴 제국 황제들의 힘을 서서히 약화시켰다.

제국 간의 충돌은 종교 간의 충돌이기도 했다. 비잔틴 제국은 신성동로마 제국이었다. 오스만 제국은 이슬람교 국가였다. 맘루크술탄국을 차지한 1517년, 오스만족 통치자들은 술탄이라는 정치적 칭호에 칼리파라는 영적 칭호를 추가하고자 했다. 이 같은 상황에도 불구하고 13세기와 14세기에는, 특히 1204년에 라틴 십자군이 콘스탄티노플을 약탈한 뒤에는, 비잔틴과 아나톨리아 사이에 밀접한 경제적·사회적 유대가 조성되었다.

오스만 1세의 손자 무라드 1세가 1389년에 코소보에서 기독교 연합군을 격파함으로써 세르비아와 발칸 지역을 차지했다. 비잔틴 제국의 황제는 술탄을 대군주로 인정할 수밖에 없었다. 1396년 무라드 1세의 후계자인 베야지트 1세는 헝가리의 지기스문트가 이끈 마지막 대규모 십자군을 니코폴리스에서 무찔렀다. 1397년 베야지트 1세는 콘스탄티노플을 포위했다.

하지만 몽골족의 위협이 되살아난 동쪽에서 오스만족에게 새로운 전선이 펼쳐졌다. 1402년 튀르크몽골계의 정복자 티무르(타메를란)가 이끈 몽골군은 앙카라 인근의 평원에서 벌어진 대전투에서 오스만군을 무찔렀고, 베야지트 1세를 사로잡은 뒤 콘스탄티노플의 포위를 풀도록 했다. 덕분에 비잔틴 제국은 일시적이나마 한숨을 덜 수 있었다. 그러나 타타르족은 아나톨리아를 약탈한 뒤 계속 전진했다. 그들의 목적은 서쪽으로 영토를 확장하는 것이 아니라 적을 쳐부수는 것이었다.

베야지트 1세의 아들들이 골육상잔을 벌인 뒤, 무라드 2세가 오스만족의 땅을 되찾았고, 남동부 유럽의 영토를 넓힘으로써 다시 콘스탄티노플을 공격할 수 있는 토대를 마련했다.

【 콘스탄티노플의 함락 】

무라드 2세의 후계자인 메흐메트 2세(1432~1481년)는 이슬람 세계를 위해 콘스탄티노플을 점령하기로 마음먹었다. 비록 허약한 종속국의 수도로 전락했지만 콘스탄티노플은 튀르크족의 영역을 두 개로 분할할 수 있는 베네치아 함대와 제노바 함대의 본거지였다. 1452년 불과 4개월 만에 메흐메트 2세는 콘스탄티노플 북쪽 보스포루스 해협의 유럽 쪽 해안에 루멜리 히사르 요새를 건설했다. 도시의 성벽은 튼튼했고, 수비군은 결사적으로 항전했다. 그리고 양쪽 해안 사이에 설치된 커다란

19세기 이탈리아 화가 파우스토 조나로가 그린, 콘스탄티노폴리스에 입성하는
메흐메트 2세와 그의 군사들의 모습

쇠사슬 때문에 금각만(할리치)으로 접근하기가 어려웠다. 메흐
메트 2세의 묘책은 거대한 둑길을 만들어 오스만군이 함선을
보스포루스 해협 연안에서 금각만까지 육로로 옮길 수 있도
록 하는 것이었다. 그렇게 하면 북쪽에서 해상 공격을 감행할

수 있었다. 성벽은 1453년 5월 29일에 돌파되었고, 역사의 영광스러운 한 페이지가 피비린내 나는 종말을 맞이했으며, 이후에도 그런 종말이 되풀이되었다.

이 승리로 오스만족의 유럽 제국이 확고히 자리 잡았다. 메흐메트 2세는 정복자 메흐메트라는 이름을 얻었다. 그는 콘스탄티노플을 수도로 삼았고, 이름을 이스탄불로 바꿨으며, 제국의 여러 지역 주민들을 이스탄불로 이주시켰다. 이후 몇 년 동안 그는 궁전, 시장, 이슬람교 사원, 종교대학 등을 세웠다. 서양 고전 문화에 심취한 지성인이었던(라틴어와 그리스어를 비롯한 여섯 가지 언어를 구사했다) 메흐메트 2세는 그리스와 이탈리아 출신의 고문을 채용했고, 이탈리아 예술가들에게 작품을 의뢰했다.

【오스만 제국】

제국은 쉴레이만 대제(재위 1520~1566년)의 치세에 가장 빛나는 영광을 누렸다. 그의 치세는 황실 수석 건축가 시난이 설계한 이스탄불의 쉴레이마니예 모스크를 비롯한 웅장한 궁전과 이슬람교 사원이 건설된 황금시대였다. 쉴레이만은 오늘날의 튀르키예인 사이에서 카누니, 즉 '입법자'로 통하고, 그의 치세 동안에 통치과정상의 커다란 발전이 있었다.

16세기와 17세기를 거치면서 오스만 제국은 정복을 통해 성장했고 북아프리카, 아라비아, 이라크, 흑해, 우크라이나까지, 그리고 유럽의 헝가리까지 뻗어나갔다. 오스만 제국의 진군은 1683년 빈의 관문에서 저지되었고, 오스

티치아노 베첼리오가 1530년경에 그린 쉴레이만 대제의 초상화

만 제국의 군대는 적들에게 커피를 남긴 채 퇴각했다.

러시아군과 오스트리아군 때문에 뒤로 물러선 오스만 제국은 18세기에 이르러 내부 통제력이 약화되면서 외교적 사안을 등한시하게 되었고, 19세기에는 에게해, 발칸반도, 북아프리카, 아라비아 등지의 영토를 잃기 시작했다

【크림 전쟁】

이 쇠퇴의 시기에 등장한 짧은 막간은 크림 전쟁이었다. 영국이 러시아의 팽창주의에 대적할 보루로 평가한 오스만 제국은 1854년부터 1856년까지 크림반도에서 영국과 프랑스와 함께

러시아에 맞서 싸웠다. 이 전쟁은 우리가 익히 알고 있는 플로렌스 나이팅게일이 스쿠타리(위스퀴다르)에 있는 병원에서 활약했던 바로 그 전쟁이다. 크림 전쟁의 패자는 러시아였다. 파리 조약이 체결되어 흑해 일대가 중립 지역으로 선포되었고, 흑해에서 군함의 항해가 중지되었으며, 연안에서의 요새 설치와 무장이 금지되었다. 튀르키예의 독립이 확인되었고, 흑해 일대를 둘러싼 러시아의 영향력은 걸림돌을 만났다. 하지만 파리조약에도 불구하고 유럽 열강들이 분리주의를, 특히 발칸반도 지역에서의 분리주의를 조장함에 따라 오스만 제국의 세력은 지속적으로 약화되었다.

【 발칸반도의 상실 】

제국의 세력이 약화되고 발칸반도의 정세가 불안해지자 젊은 술탄 압둘하미드 2세는 유럽 열강들이 1876년에 소집한 이스탄불 회의에서 반대자들을 견제하려고 자유주의 헌법을 제시했다. 이듬해에 그는 원래의 헌법안을 취소했고, 절대 권력을 휘둘렀다. 발칸반도에서 다시 전쟁이 일어났고, 반란군을 도와 전쟁에 가담한 러시아가 곳곳에서 승리했다. 이후 오스만 제국은 산스테파노 조약(1878년)에 따라 유럽 쪽 영토의 대부분을 잃었다. 쇠퇴의 기미가 너무 뚜렷했던 오스만 제국은 19세기 후반에 이르러 '유럽의 병자'로 불릴 정도였다.

한편 국내적으로는 압둘하미드 2세가 약속을 어기고 실정을 저지르면서 불만이 고조되고 변화를 바라는 목소리가 커졌다. 1908년 압둘하미드 2세는 '청년튀르크당Young Turks'으로 알려진 개혁가 집단의 압박으로 1876년의 헌법을 부활시켜야 했다. 1909년 의회에서 압둘하미드 2세의 퇴위가 만장일치로 결정되었고, 동생 메흐메트 5세가 권좌를 이었다. 그때부터 제1차 세계대전이 발발할 때까지 권력은 술탄과 청년튀르크당의 지도자들이 공유했지만, 정국은 불안했다. 1911~1912년 사이에 벌어진 전쟁으로 리비아의 트리폴리를 이탈리아에게 빼앗겼다. 1912~1913년에 그리스, 세르비아, 불가리아 등과 벌인 발칸 전쟁으로 오스만 제국의 유럽 쪽 영토는 아드리아노플과 콘스탄티노플 주변 지역으로 줄어들었다. 제1차 세계대전 때 오스만 제국은 긴밀한 경제적·정치적 관계를 맺고 있던 독일 편을 들었다.

【 제국의 종말: 세브르 조약 】

1918년에 독일이 패망하면서 동맹국인 튀르키예도 치욕을 겪어야 했다. 오스만 제국은 승리를 거둔 연합국(러시아와 미국도 포함)과 1920년에 체결한 세브르 조약의 가혹한 조건에 따라 해체되었다. 지도가 다시 그려졌다. 튀르키예가 주권을 포기한 메소포타미아(이라크)와 팔레스타인(트란스요르단도 포함)은 영국의 위임통치령이 되었다. 시리아와 레바논은 프랑스의 위임통치령으로 전락했다. 튀르키예는 헤자즈 왕국에 대한 통치권도 포기했다. 그것은 메카의 상실을 의미했다.

가장 논란의 여지가 큰 조건은 아마 튀르키예가 아르메니아를 국제적 보장에 따른 별개의 공화국으로 인정해야 한다는 조항과 스미르나(오늘날의 이즈미르)와 그 주변이 잠정적으로 그리스의 행정 관할권에 속한다는 조항이었을 것이다(다만 최종 결과는 현지 유권자들의 민족자결주의적 투표에 의해 결정될 예정이었다).

튀르키예는 동트라키아의 일부와 에게해의 몇몇 섬을 그리스에, 도데카니사 제도와 로도스섬을 이탈리아에 각각 양도했고, 그 결과 해협의 중립화 및 국제화 지대를 포함해 이스탄불과 그 주변만 보유하게 되었다. 튀르키예의 국토 중에 완전히 독립 상태인 곳은 하나도 없었다. 튀르키예는 배상금도 지불해야 했고, 연합국은 경제적 통제권을 강화할 수 있었다. 이렇듯 세브르 조약은 오스만 제국의 종말을 뜻했다. 세브르 조약으로 제국의 영토는 연합국의 손에 넘어갔고, 급기야 애국의 불길이 타오르면서 아타튀르크가 튀르키예의 독립을 위해 싸우게 되었다.

【아타튀르크】

앞선 언급한 사건들이 오늘날에 미치는 지속적 영향을 살펴볼 필요가 있겠다. 튀르키예를 방문하는 사람은 상점, 작업장, 관청 등의 벽에 걸린 그림과 모든 광장에 서 있는 조각상을 통해 무스타파 케말 아타튀르크의 얼굴을 볼 수 있을 것이다. 그러나 그를 묘사한 만화는 찾아볼 수 없을 것이다. 그에 관한 농담도 들을 수 없을 것이다. 아타튀르크(1881~1938년)는 튀르키예 국민 모두에게 존경받는 선지자이다. 그의 사상은 튀르키예의 운명을 바꿨다. 그는 술탄의 권력을 무너트렸고, 현대적인 공

1930년, 무스타파 케말 아타튀르크

화국을 세웠다. 그의 인품이나 성격에 대한 그 어떤 비방도 '튀르키예적 요소Turkishness'를 훼손하는 짓이자 위법 행위로 간주된다.

무스타파 케말('아타튀르크'라는 칭호는 나중에 국민의회가 붙인 것이다)은 탁월한 군인이었다. 그는 제1차 세계대전 때 지휘관으로 복무했고, 1915~1916년에 갈리폴리를 공격한 연합군을 격퇴함으로써 명성을 얻었다. 연합군은 유럽 쪽 튀르키예 영토에서 물러나야 했고, 갈리폴리 작전을 구상한 윈스턴 처칠은 장관직을 내놓아야 했다.

제1차 세계대전이 막을 내리고 세브르 조약이 발표되는 동안 술탄 메흐메트 6세는 오스만 제국의 영토 분할을 계획하고 있던 승전국들, 그리고 그의 통치를 거부한 민족주의자들 때문에 권력이 약해지고 있었다. 1919년 그는 무스타파 케말에게 흑해 연안의 도시 삼순 근처에서 일어난 반란을 진압하도록 지시했다. 그러나 무스타파 케말은 계급과 직함을 포기한 채 반란군에 가담하고 말았다. 그는 수많은 군 장교들과 함께 튀르키예 동부의 도시 에르주룸에서 열린 회의에서 이스탄불의 술탄에 대항하는 정부를 수립했다.

1920년 4월 23일 무스타파 케말은 앙카라에서 국민의회를 소집했다. 국민회의에서는 '오스만족 이슬람교도'의 대다수가 '거주'하는 오스만 제국의 모든 영토의 독립과 고결성을 요구하는 선언문이 작성되었다. 사실상 이 선언문은 이스탄불 정부가 서명한 세브르 조약을 부정했다. 케말은 튀르키예 국민이 전후의 분할 상태를 거부하도록, 그리고 영국과 프랑스와 이탈리아 점령군에게 맞서도록 독려했다. 1921년 앙카라 임시정부는 정치권력을 국민에게 이양했다. 임시정부는 오스만 술탄 제도를 폐지했고, 1922년 술탄은 폐위되어 유럽으로 망명했다.

【 독립 전쟁 】

1921년 그리스는 아나톨리아에 10만 명의 병력을 파견했다. 표면적인 이유는 이즈미르에 거주하는 자국민을 지원하는 것이었다. 새로운 국가를 건설하려는 튀르키예인들에게는 퇴로가 없었다. 반격에 나선 아타튀르크는 병사들에게 다음과 같이 말하면서 에게해로 진격하도록 명령했다. "죽음과 바다 중 하나를 선택하라." 그리스군은 8월 26일에 둠루프나르에서, 그리고 1922년 9월 9일에 이즈미르에서 패했다. 국가 주권을 확립하기 위한 튀르키예인들의 노력은 3년 동안 이어졌고, 마침내 모든 외국 군대를 튀르키예 땅에서 몰아냈다.

이 승리를 계기로 국민 통합이 이뤄졌고, 튀르키예인의 자긍심이 회복되었다. 아나톨리아의 수복으로 세브르 조약이 폐기되었다. 무스타파 케말은 소련과 별개의 조약을 맺었고, 연합국에게 새로운 협상에 나서도록 압박했다. 1923년에 체결된 로잔 조약에 따라 아나톨리아의 튀르키예 영토가 확정되었고, 튀르키예의 배상금 지불 책임이 소멸되었다. 소수 민족의 운명은 중요한 사안이었다. 로잔 조약으로 대규모의 인구 교환이 이뤄졌다. 수십 만 명의 그리스인이 튀르키예를 떠났고, 그보다 적은 수의 튀르키예인이 그리스를 떠났다. 로잔 조약으로 튀르키예에 거주하는 소수 민족의 권리도 확보되었다.

【 튀르키예 공화국 】

튀르키예의 수도는 이스탄불에서 저 멀리 떨어진 앙카라로 이전되었다. 1923년 10월 29일 앙카라에서 세속적 민족주의 공화국이 선포되었고, 무스타파 케말은 만장일치로 튀르키예 공화국의 초대 대통령으로 선출되었다. 1924년 헌법에는 그가 이끈 공화인민당에 의한 일당통치의 과도기가 규정되었다. 이로써 완전한 민주주의로의 이행이 적절히 통제될 수 있었다.

1923년 이후 무스타파 케말은 전면적인 서구화 및 경제발

전 계획에 착수했다. 그는 국민생활의 모든 면을 다루는 혁명적인 일련의 사회적·경제적 개혁을 추진했다. 칼리파 제도가 혁파되었고, 이슬람 관련 각종 제도가 폐지되었다. 서양식 복장이 도입되었고, 여성이 착용하는 가리개와 남성이 머리에 쓰는 모자인 페즈가 금지되었다. 튀르키예어에서 아라비아어 단어가 추방되었고, 문자는 아라비아 문자에서 로마자로 바뀌었다. 교육은 세속화되었고, 문맹 퇴치 계획이 체계적으로 수립되었으며, 여성과 농촌 주민을 위한 교육이 의무화되었다. 일부 다처제가 금지되었다. 그레고리력이 채택되었고, 행정 당국에 대한 점검이 실시되었으며, 새로운 법전이 도입되었다. 통신 기반시설, 국가 재정, 농법과 공법 등이 개선되었다. 1934년 성씨 제도가 시행되었을 때 무스타파 케말은 '튀르키예인의 아버지'를 의미하는 아타튀르크라는 성씨를 선택했다.

1938년 11월 10일 아타튀르크는 이스탄불의 돌마바흐체 궁전에서 57세를 일기로 세상을 떠났다. 그가 남긴 유산은 절대 봉건군주국에서 현대적인 세속주권국으로 탈바꿈한 튀르키예의 변신이었다. 튀르키예는 외세의 간섭을 받지 않고 시민들이 전례 없는 수준의 자유와 안전을 누리는 나라로 바뀌었다.

【현대 튀르키예】

아타튀르크의 대통령직은 친구이자 동료인 이스메트 이뇌뉘가 물려받았다. 튀르키예는 제2차 세계대전 기간 내내 중립을 지키다가 결국 연합국 편에 섰다. 그리고 냉전이 전개됨에 따라 서방국가들에 동조하려는 움직임을 보였다. 1946년 튀르키예는 국제연합[UN]의 창립 회원국이 되었다. 1950년 최초의 자유선거가 실시되었고, 야당인 민주당이 승리했다. 이후 경제 자유화를 추진하려는 부단한 노력이 펼쳐졌다. 1952년 튀르키예는 북대서양조약기구[NATO]에 가입했고, 1964년에는 유럽경제공동체[EEC]의 준회원국이 되었다.

아타튀르크의 선례를 따라 튀르키예의 군대는 공화국의 세속적 이상을 지키는 수호자라는 특별한 역할을 맡았다. 정치인들이 아타튀르크의 개혁을 되돌리려는 듯한 낌새가 보일 경우 언제나 그의 유산을 보존할 태세를 갖추고 있었다. 튀르키예는 30년 동안 세 차례의 쿠데타가 일어났다. 1950년대에 정치적·경제적 불안으로 인해 무정부 상태와 폭력 사태가 빚어졌다. 그러자 1960년에 제말 귀르셀 장군이 주도한 무혈 쿠데타가 발생했다. 1971년 파업과 학생시위 사태가 다시 쿠데타를 초래했다. 군부통치는 1973년에 선거가 치러질 때까지 지속되었다. 이후 튀르키예는 숱한 경제적·사회적 문제에 시달려야 했다. 좌파와 우파의 긴장이 고조되었다. 1970년대에는 잇달아 연립정부가 구성되었다. 1970년대 말 무렵에 정치적 폭력의 수위가 너무 높아진 나머지 1980년에 또다시 케난 에브렌 장군의 군사정권이 들어섰다.

1983년 튀르키예는 문민통치로 회귀했다. 투르구트 외잘이 총리로 선출되었고, 튀르키예는 새로운 헌법에 따라 서양 세계와 보조를 맞추게 되었다. 외잘 총리와 여당인 조국당은 경제성장에, 그리고 서양 세계에 대한 추가적 개방에 집중했다. 외잘의 개혁 덕택에 튀르키예와 유럽 사이의 정치적·경제적 격차가

레제프 타이이프 에르도안 대통령

좁혀졌다. 그는 1989년부터 1993년까지 대통령으로 재임했다.

튀르키예가 2002년에 잇따른 경제적 충격을 겪은 뒤, 정치 권력의 중대한 변화가 일어났다. 종교적 보수주의 정당인 정의 개발당^{AKP}이 집권해 오늘날에 이르고 있다. 정의개발당은 2001년에 창당되었다. 창당자 중 한 사람이 현 대통령인 레제프 타이이프 에르도안이다. 그는 2003년부터 2014년까지 총리로, 1994년부터 1998년까지 이스탄불 시장으로 재직한 바 있다.

정의개발당의 집권 기간에 일어난 핵심 사건 가운데 하나는 '에르게네콘 재판'이다. 에르게네콘 재판은 수많은 군 장교들과 유명 인사들이 수상쩍은 '막후정부'를 조직했다는 혐의로 기소된 소송 사건이다. 검찰 측 주장에 의하면 피고인들은 민주적 절차를 방해할 목적으로 '막후정부'를 통해 정치적 암살과 다양한 범죄를 자행했다. 기소 내용의 진실성을 둘러싼 여론은 엇갈렸지만, 2016년에 끝난 재판의 한 가지 결과는 튀르키예 정치계에서 군부의 권력과 영향력이 현저히 줄어들었다는 점이다.

정의개발당은 쿠르드족이 장악한 남동부 지역에서 수십 년간 이어진 충돌을 종식시키고자 대대적인 노력을 쏟아왔다. 쿠르드족 분리주의자, 테러분자, PKK 조직 등을 상대로 하는 회담이 개시되었고, 많은 테러분자들이 무기를 내려놓기 시작했다. 평화의 가능성은 지난 몇십 년 동안의 어느 시점보다 높아 보였고, 2013년에 휴전이 선포되었다. 하지만 2014년에 점증하는 상호 불신의 분위기 속에서 튀르키예의 국내 정세와 시리아와 북부 이라크 같은 역내 국가들의 정세가 맞물리며 새로운 충돌이 일어났다.

튀르키예 사회 전체가 정의개발당을 지지하지는 않는다. 반대자들은 에르도안 대통령을 권위주의적이라고 비난하고 있고, 2013년 초여름에는 튀르키예 전역에서 대규모 시위가 벌어졌다. 그 전국적 시위의 계기는 이스탄불의 게지 공원Gezi Park에서 개발계획에 반대해 시위를 벌인 환경주의자들을 당국이 강제로 해산한 사건이다. 이후 언론의 자유, 표현의 자유, 집회의 자유를 외치는 시위와 파업이 전국적으로 확산했다.

최근 튀르키예인들의 기억에서 절대 사라지지 않을 밤은 바로 쿠데타가 실패로 돌아간 2016년 7월 15일 밤이다. 2016년 군사 쿠데타는 민간인들이 중요한 도시 광장과 교량을 점거하고 정부에 충성하는 군대가 결정적인 군사 행동을 취한 데 힘입어 좌초되었다. 이후 지금까지 정부는 그 실패한 쿠데타를, 망명 중인 성직자인 펫훌라흐 귈렌Fethullah Gülen을 지지하며 사회

교육운동인 히즈메트 운동[Hizmet movement](Hizmet는 '봉사'라는 뜻-옮긴이)을 벌이는 자들의 소행으로 생각한다는 점을 분명히 밝혔지만, 펫훌라흐 귈렌은 개입설을 전면 부인했다. 뒤이은 정부의 탄압으로 히즈메트 운동과 연관된 혐의가 있는 군 인사들이 숙청되었고, 히즈메트 운동 세력이 운영하는 학교, 병원, 미디어 플랫폼, 출판사 등이 몰수되거나 폐쇄되었다. 정부는 2년간 비상사태를 선포하기도 했다. 쿠데타 시도 이후 튀르키예 정치계에서 군부 권력이 더 축소되었다.

2017년에 개헌 국민투표를 거쳐 정부형태가 의회제에서 대통령제로 바뀌었다. 따라서 2003년부터 총리로 재직하다가 2014년에 대통령에 당선된 에르도안의 공적 지위가 강화되었다.

오늘날 튀르키예에서는 아타튀르크의 사회적 혁명을 지지하는 세속주의자들과 더 전통적이고 보수적인 이슬람교의 가치를 신봉하는 사람들 간의 사회적 양극화가 더 확고해지고 있다. 세속주의자들과 보수주의자들 사이의 역동적인 세력 균형의 의미심장한 사례가 바로 이스탄불에 있는 웅장한 성 소피아 성당이다. 성 소피아 대성당은 약 1500년 전에 성당으로 지어졌다가 1453년에 이슬람 세력이 이스탄불을 정복한 뒤 이슬람 사원으로 바뀌었고, 훗날 아타튀르크 치하에서 박물관으로 탈바꿈했다. 2020년에는 다시 이슬람 사원으로 바뀌었고, 메흐메트 2세가 비잔티움 제국을 상대로 거둔 승리를 기념하는 날에 기도회가 열렸다. 또 다른 사례는 여성들의 이슬람 두건headscarf 착용 여부다. 1980년대부터 여성들은 공공기관에서 이슬람 두건을 쓰고 다닐 수 없었지만, 이제는 착용해도 된다.

역사에 대한 태도

현재 튀르키예 사회에서는 역사적 시각이 바뀌고 있다. 1923년 공화국 창건을 계기로 오스만 제국과의 단절이 이뤄졌다. 국민생활의 중심은 오스만 제국의 이스탄불에서 공화국의 앙카라로 이동했다. 근대는 그 이전보다 훨씬 더 나은 시대로 인식되었다. 그런데 최근 들어 세속주의자들의 정치적·사회적 권력이 약해지면서 오스만 제국에 대한 관심이 늘어나고 있다. 2011년부터 2014년까지 방송된 인기 텔레비전 연속극인 〈위대한 세기Magnificent Century〉는 쉴레이만 대제의 삶과 그가 활약한 시절을 집중조명했다. 최근인 2021년에는 넷플릭스 드라마인 〈오스만 제국의 꿈^{Rise of Empires: Ottomans}〉이 국내외적으로 큰 인기를 끌었다.

【 오늘날의 튀르키예 국민 】

높은 출생률과 전통적으로 열악한 보건 상태 때문에 튀르키예는 무척 젊은 국가로 평가할 수 있다. 어디서나 젊은이들이 눈에 띄고, 역동성과 진취성을 느낄 수 있다. 놀랍게도 튀르키예인 중에서 65세가 넘는 사람들은 전체 인구의 7.5%에 불과하다!

민족적 기준으로 볼 때 인구의 70% 내지 75%가 튀르키예인이고, 20%는 쿠르드인이다. 다른 민족집단으로는 흑해 지역의 라즈인^{Laz}, 기독교를 믿는 소수 민족(아르메니아인, 그리스인, 아시리아인, 쉬리야니인^{Suryani}), 유대인 등이 있다.

공화국 창건 이후 튀르키예 정부는 분열된 나라가 민족 간 폭력과 내전의 무대가 될 수 있다는 점을 우려했다. 따라서 민족적·언어적·종교적 차이를 크게 부각시키지 않았다. 실제로 1965년 인구조사는 언어적 소수 민족의 목록을 작성한 마지막 조사였다.

튀르키예 최대의 소수 민족인 쿠르드인은 국민 통합을 가장 심각하고 끈질기게 위협하는 요소였다. 쿠르드인은 전통적으로 튀르키예 남동부와 이라크 북부 지역에 거주해왔다. 튀르키예 정부는 항상 튀르키예인과 쿠르드인 사이의 차이를 최소화하고자 노력했고, 종종 쿠르드인을 '산악 튀르키예인^mountain Turks'(혹은 산악 터키인)으로 부른다. 튀르키예 정부의 정책은 승인(전 국민 대상의 시민권과 교육)과 불승인(쿠르드어 사용 제한)을 병행해왔다.

튀르키예인들이 가장 두려워하는 것은 쿠르드 민족주의가 20세기 말에 구 유고슬라비아에서 일어났던 것과 유사한 이탈 사태로 번져서 튀르키예의 국가적 붕괴를 초래하는 것이다. 많은 쿠르드인이 튀르키예 사회에 동화되어 성공한 사업가로 활동하고 있다. 최근에는 저명한 쿠르드계 정치인들도 활동하고 있다. 하지만 급진적인 쿠르드인 집단은 남동부 지역에서 무기를 들었고, 튀르키예의 주요 도시에서 테러 행위를 저질렀다. 가장 유명한 쿠르드인 테러 조직은 PKK이다. 1990년대 후반에 휴전이 이뤄지고, PKK 지도자인 압둘라 외잘란이 체포되고 유죄 판결을 받은 데다 쿠르드계 정당인 HDP를 통해 정치적 대표성이 향상됨에 따라 이 지역에서는 비교적 평화의 분위기가 흐르고 있다. 최근 몇 년 동안, 쿠르드어 매체 방송권 같은 권리가 소수 민족에게 더 많이 부여되었다.

많은 튀르키예인들은 외국 열강들이 쿠르드 민족주의를 자극할 기회를 노린다고 의심하고, 인접한 이라크 내의 쿠르드 자치구의 성장세와 시리아 내전에 가담한 쿠르드인 전사들에 대한 서양의 지원 동향을 주시하고 있다.

튀르키예를 찾는 외국인 방문객은 민족주의에 관한 토론에서 어느 한쪽을 지지하지 않는 편이 좋을 것이다. 혹은 아르메니아인 집단학살의 진위 여부 같은 민감한 주제를 비롯한 튀르키예의 특정한 과거사에 관한 의견을 표명하지 않는 편이 낫다. 튀르키예의 모든 초등학생은 세브르 조약과 승전국들이 시도한 튀르키예의 분할에 대해, 그리고 당시 선동과 폭력을 일삼은 소수 민족에 대해 배운다. 튀르키예인들은 외국 열강들이 소수 민족의 민족주의를 부추겨 튀르키예를 위험에 빠트리려고 할 가능성에 대해 마치 편집증 환자 같은 예민한 반응을 보인다. 어느 우파 정당은 정기적으로 다음과 같은 표어를 쓴다. "우리 땅은 불가분의 전체이다." 모쪼록 튀르키예에서는 정치 토론을 조심하기 바란다. 자칫하면 친구를 잃어버릴 수 있고, 당국과 시비가 붙을지도 모른다.

튀르키예의 도시

【 이스탄불 】

이스탄불만큼 문화와 역사가 매혹적으로 결합된 도시는 드물다. 이스탄불은 제국의 수도였고, 약 1500년 동안 세계사의 중심에 있었다. 보스포루스 해협에서 바라본 이스탄불의 지평선은 눈부시게 아름답고, 방문객들은 이스탄불의 풍부한 문화유산에 흠뻑 젖어든다. 이스탄불은 튀르키예의 경제적 동력이다. 부동산 가격이 오름에 따라 이스탄불에는 사무용과 주거용 고층건물 공사가 유행처럼 번지고 있다.

오늘날의 이스탄불은 보스포루스 해협의 아시아 쪽 해안과 유럽 쪽 해안에 펼쳐져 있다. 시골인 아나톨리아 출신의 이주자들이 끊임없이 유입되면서 인구가 늘어난 이스탄불은 튀르키예 최대의 도시가 되었다.

2022년의 인구는 약 1,580만 명이었지만, 비공식 추산으로는 무려 1,800만 명이다. 유럽 쪽 이스탄불에는 역사적 명소와 사업 중심지가 있다. 아시아 쪽 이스탄불은 유럽 쪽 이스탄불보다 주거 중심이고, 구획이 더 잘 되어 있다. 유럽 쪽 이스탄불과 아시아 쪽 이스탄불은 3개의 거대한 현수교와 1개의 해

보스포루스 해협을 굽어보는 이스탄불의 에미뇌뉘 지구

저 도로 터널, 그리고 보스포루스 해협 아래에 놓인 철도로
연결되어 있다. 다수의 연락선과 선박도 양쪽을 오간다. 고층

아파트 단지가 양쪽 해안 저 아득한 곳까지 가득하다. 유럽 쪽
이든 아시아 쪽이든 이스탄불 주변에는 농촌 출신 이주자들이

기원전 7세기에 축조된 앙카라 성

마구잡이로 지은 주택들이 무질서하게 들어서 있고, 바로 옆의 고급 주택단지에는 대저택과 아파트가 즐비하다.

　이스탄불은 튀르키예의 정치적 수도일 뿐 아니라 문화적·경제적 중심지이자 상업 활동의 핵심 도시이기도 하다. 고층 사무실 단지, 쇼핑센터, 현대미술관 곁에 고대 유적이 있고, 그 옆에 이전 시대의 보물을 소장한 미술관과 박물관이 있다. 각국 대사관은 앙카라에 있지만, 이스탄불에는 여러 영사관이 있다. 정의개발당 정부는 아시아 쪽 이스탄불의 일부 구역을 금융서비스 중심지로 지정했고, 그 과정에서 앙카라에 있는 중앙은행을 이스탄불 국제금융센터IIFC로 불리는 이 새로운 업무 단지로 이전하겠다는 결정을 내려 논란을 일으켰다. 이스탄불 국제금융센터는 이스탄불을 국제적 금융 중심지로 키우겠다는 정부 목표의 일환이다.

성장하는 도시 이스탄불은 급격한 인구 증가세에 발맞추고자 도시의 기반시설을 개발하려고 애쓰는 중이다. 도시 곳곳에서 공사가 진행 중이다. 어느 방문객은 이렇게 말했다고 한다. "일단 완성되면 이스탄불은 대단한 도시가 될 것이다!"

【 앙카라 】

수도인 앙카라는 최근 여러 해 동안 눈부신 성장을 겪었다. 앙카라는 정부 소재지고, 480만 명 이상의 인구를 자랑하는 튀르키예에서 두 번째로 큰 도시이다. 앙카라는 아타튀르크가 자유국 건설 운동의 지도자 자리에 오른 뒤 그의 본거지가 되었고, 1923년부터 지금까지 수도의 역할을 맡고 있다. 그 전의 앙카라는 앙고라(앙카라의 옛 이름) 염소로 유명한, 활기 없는 아나톨리아의 촌락이었다.

앙카라는 해발고도 914m의 고원에 위치해 있다. 급격한 성장과 그로 인한 교통량 증가에 따라 스모그 문제가 발생했지만, 다행히 최근 몇 년 동안 어느 정도 상황이 호전되었다. 거대한 국제도시 이스탄불의 그늘에 가려진 앙카라는 관료의 도시이고, 어느 면에서는 지방도시로 볼 수 있다. 넓은 가로수 길, 공원, 공공 편의시설 등을 잘 갖추고 있다. 외국 대사관은 앙카라에 있다. 이스탄불의 경제계 인사들과 앙카라의 고위 관료들 사이에는 선의의 경쟁 관계가 형성되어 있다. 많은 이스탄불 주민들은 앙카라의 가장 좋은 점이 이스탄불로 돌아오는 길이라고 말한다.

[이즈미르]

튀르키예에서 세 번째로 큰 도시는 인구 360만 명의 이즈미르이다. 이즈미르는 에게해의 진주로 통한다. 이즈미르에는 성서 시대 이래 중요한 항구가 있다. 성서 시대에 이즈미르는 스미르나로 불렸다. 오늘날 이즈미르는 북대서양조약기구의 주요 해군기지 소재지일 뿐 아니라 해마다 무역박람회가 열리는 곳이기도 하다. 20세기 후반 이즈미르는 악취로 악명 높았던 만을 말끔히 청소하면서 '진주'로서의 지위를 되찾았다. 카페가 줄지어 있는 산책로는 서양적 느낌을 풍긴다. 영국인들이 성탄절에

에게해의 진주로 불리는 이즈미르

먹는 무화과 중에는 이즈미르에서 생산된 것이 많을 것이다. 이즈미르는 담배 생산지로도 유명하다.

정부

헌법상 튀르키예는 세속 민주공화국이다. 2017년 개헌으로 대통령 중심제가 도입되었다. 대통령은 5년마다 직접 선거로 선출된다. 개헌 이전, 튀르키예의 정부형태는 의회민주제였다. 당시 대통령은 의회의 다수당에 의해 임명되었고, 그 권한이 비교적 한정되었다. 이후 2017년의 개헌을 통해 대통령의 임기는 최대 2회로 제한되었다.

개헌안은 다소의 논쟁 끝에 의회를 통과했고, 국민투표를 거쳐 찬성 52%로 아슬아슬하게 가결되었다. 이전의 의회제에서는 대통령이 초당파적 중립을 지켜야 했고, 정치적 의제를 정하거나 정부를 이끌지 않았다. 그것은 총리와 각료 회의의 일이었다. 대통령의 주요 역할은 위헌 행위를 막고 정부가 제대로 작동하도록 보장하는 것이다. 개헌으로 총리직은 폐지되었고, 이제 대통령은 국가원수이자 정부수반이다. 이제 부통령과 모든 각료는 대통령이 임명한다. 공공기관의 고위 간부들과 대학교 총장들도 마찬가지다. 아울러 대통령은 초당파적 지위에서 벗어나 정당과의 관계를 유지할 수 있다.

튀르키예의 의회인 대국민의회는 민주적 선거로 구성된다. 600명의 의원들은 임기가 5년이다. 새로운 법률에 따라, 가장 많은 의석을 차지한 정당의 당수는 의장에 임명된다. 의회의 역할은 법안을 가결하는 것, 예산을 확정하는 것, 내각에 책임을 지우는 것이다.

일부 독자들은 튀르키예의 법률이 이슬람 율법에 근거하지 않는다는 사실에 놀랄지 모른다. 튀르키예 법률의 토대는 스위스 법전이다. 그러므로 튀르키예에서 어떤 행위가 합법적이려면, 그 행위가 법전에 명확하게 규정된 것이라야 한다.

선거 전 거리는 정당의 로고가 담긴 깃발로 가득하고, 승합차와 버스가 확성기로 음악을 크게 틀고 공약을 떠들어대면서 돌아다닌다. 선거운동에 나선 정당의 수가 10개가 넘을 때도 많다. 튀르키예의 정당은 보수적인 민족주의 성향과 이슬람 근본주의 성향의 우파부터 극좌파까지 다양하다. 정당은 내부의 노선 차이와 권력투쟁으로 인해 분열하고 변화하는 경향이 있다. 정당이 불법 행위로 인해 폐쇄되는 경우도 있고, 동일한 인물들이 나중에 새로운 이름의 정당 소속으로 재등장하기도 한다.

사법부는 입법부로부터 독립적이지만 행정부로부터는 독립적이지 않다. 판사들은 법무부 관할하의 판검사 고등위원회 HSYK가 임명한다. 헌법재판소, 파기원, 최고행정법원, 최고회계감사법원, 최고군사행정재판소, 군사법원, 사법분쟁재판소, 최고선거관리위원회를 비롯한 형사법원 및 행정법원 제도가 갖춰져 있다.

【 군대의 역할 】

2017년에 개헌이 이뤄지기 전, 군대는 아타튀르크의 공화국을 수호하는 중요한 역할을 맡았다. 대통령이 주재하고 장관들과 고위 장교들이 참석하는 국가안전보장회의가 정기적으로 열렸다. 이전 헌법 체제에서는 정부가 위헌적 방식으로 행동했다고 판단되는 경우 군부가 국정에 개입할 수 있었다. 예를 들어 1980년에 군사 쿠데타가 일어난 뒤, 튀르키예의 일반 대중은 안도했다. 군부가 공공질서와 재정적 질서와 법질서를 회복했고, 정부의 권한을 규정하는 1982년 헌법을 제정했기 때문이다. 흔히 서양 국가들은 군부의 국정 개입을 의심의 눈초리로 바라봤지만, 군부의 개입은 아마 튀르키예가 민주주의 국가로 남을 수 있었던 주요 원인 중 하나일 것이다.

에르게네콘^{Ergenekon} 재판(1장을 참고) 때문에 튀르키예 정치계에서 군부의 역할이 심각하게 위축되었고, 이후 이뤄진 개헌도 마찬가지 결과로 이어졌다. 군부는 비非군부 인사들이 다수를 차지하는 국가안전보장회의의 조사를 받아야 한다. 군사법원의 사법권은 내부 징계 문제를 처리하는 데 국한되고, 계엄령은 폐지되었다.

튀르키예에는 81개의 주^{州}가 있고, 각각의 주는 시^{市}와 리^{里}로 세분된다. 주에는 주지사가 있고, 주지사는 법 집행, 교육, 시민권 등의 분야를 책임진다. 튀르키예를 처음 방문하는 사람들은 경찰과 탱크의 모습을 보고 놀랄 때가 많다. 경찰은 도시와 마을을 담당하고, 헌병은 농촌 지역을 맡는다. 시 당국은 소방, 지방교통, 공공 편의시설, 쓰레기 수거 등을 관리 감독한다.

경제

아타튀르크가 권좌에 올랐을 때 튀르키예 경제는 농업 중심이었고, 대다수 국민은 농촌 지역에 거주했다. 아타튀르크는 근대화를 주도했고, 공화국 초기에는 진취적인 사업계획의 분위기가 감돌았다. 새로운 기업이 설립되었다. 그렇게 탄생한 기업으로는 담배나 설탕가공 공장, 정유공장, 철강공장, 은행, 보험회사 같은 제조업과 서비스업 분야의 국영기업을 꼽을 수 있다. 지금까지 튀르키예는 계속 발전해왔고, 오늘날의 튀르키예 경제는 튼튼한 3차 산업 부문(은행업, 금융업, 컴퓨터, 컨설팅 등), 제조업 부문(특히 직물, 자동차), 농업과 기타 원료산업(면화, 대리석, 담배, 감귤, 밀) 등으로 구성된다.

튀르키예는 중동의 곡창지대로 발돋움했다. 인근 국가뿐 아니라 유럽과 미국에도 수출한다. 튀르키예는 개암, 피스타치오, 직물 등의 세계적 공급국 중 하나다. 튀르키예의 건설회사, 운송회사, 토목회사 등은 중동과 중앙아시아에서 활약하고 있다.

1980년대와 1990년대에 튀르키예 경제는 주춤했다. 인플레이션이 세 자릿수를 기록했고, 국민들은 자국 화폐인 튀르키예 리라의 급격한 평가절하를 겪어야 했다. 그러나 대규모 정부 재정 적자는 국채와 국제채로 보전되었고, 2002년 이후 시장은 안정되고 인플레이션이 완화되었다. 신용평가기관들은 2013년에 튀르키예를 '투자 등급'으로 상향 조정했다. 아나톨리아의 여러 도시들은 급속히 발전하고 있다. 정의개발당 정부 하의 튀르키예에는 이른바 '녹색자본 회사'가 증가했고, 녹색은 보수주의적 이슬람교의 상징색이다. 그런 소유권 형태의 여러 소매회사와 공업 관련 기업이 속속 등장했고, 현재 튀르키예에서는 이슬람식 은행업이 가능해지고 있다.

2021년 말에 다시 튀르키예의 통화 가치가 급락하고 물가가 급등했다. 하지만 1980년대와 1990년대의 위기와 달리,

2021년의 위기는 자국산 상품의 해외 경쟁력을 높이기 위해 의도적으로 금리를 낮춘 정부 정책에 따른 직접적 결과였다. 그것은 중국을 비롯한 아시아 국가들과 경쟁하기 위해 튀르키예의 제조업 분야에 대한 국내외의 투자를 독려하려는 대담한 시도였다. 그 과감한 정부 정책은 단기적으로 많은 이들에게 큰 고통을 안겨줬고, 아직 그 정책이 장기적으로 튀르키예의 경쟁력 향상과 수출 및 고용 증가로 이어질지 말하기는 너무 이르다.

코로나 19

2020년 초에 중국에서 새로운 호흡기 질환이 발병했다는 소식이 전해졌을 때, 튀르키예 정부는 문제의 바이러스를 차단하고자 신속히 행동에 나섰다. 열화상 카메라가 공항에 설치되었고, 중국발 항공편이 금지되었다. 대규모 발병 사례가 보고된 이란과의 국경지대가 봉쇄되었다. 그러나 2020년 3월에 튀르키예에서도 처음으로 코로나 19 환자들이 발생했고, 전 세계적으로 그랬듯이 전국적으로 확산했다.

팬데믹 기간 내내, 정부가 천명한 목표는 사회의 최취약층을 보호하는 한편 경제활동을 유지하기 위해 할 수 있는 모든 조치를 강구하는 것이었다. 그 목표에 따라 20세 이하와 65세 이상의 외출 시간 제한, 카페와 식당과 쇼핑몰과 운동시설과 여가시설의 간헐적 폐쇄, 세계 각국의 코로나바이러스 위험 지역과의 왕래 제한 같은 정책들이 시행되었다. 튀르키예는 백신을 이용할 수 있게 되자 노령층과 취약층에게 무료로 백신을 접종할 수 있도록 재빨리 움직였다. 처음에는 중국의 시노팜 백신을, 나중에는 화이자 백신을 접종했다. 튀르키예에서 화이자 백신은 개발사, 즉 튀르키예계 독일인 우우르 샤힌^{Uğur Şahin}이 운영하는 제약사의 이름을 따 바이오엔텍 백신으로 불린다. 2021년 말 터키 국산 백신인 투르코박^{Turkovac} 사용이 승인되었고, 2022년 2월에 성인 인구의 80% 이상이 2차 접종을 마쳤다.

효율적인 애플리케이션 기반의 경로 추적 시스템은 튀르키예 정부의 적극적인 백신 접종 정책을 뒷받침했고, 덕분에 할인 요금이 적용되기는 했어도 상거래가 지속될 수 있었다. 특히 여가업, 소매업, 식품업, 음료업 등이 봉쇄 기간에 심각한 타격을 입었지만, 백신 접종이 광범위하게 이뤄진 뒤 어느 정도 정상으로 돌아왔다. 경제의 주요 버팀목 중 하나인 관광업은 국제적인 여행 제한 조치 탓에 큰 피해를 입었지만, 2022년 초에 관광객의 숫자가 회복되기 시작한다는 조짐이 보였다. 튀르키예 경제에 매우 긍정적인 신호이다.

국제 관계

튀르키예는 늘 동양과 서양 양쪽의 영향을 받아왔다. 오늘날 튀르키예는 국제연합, 경제협력개발기구, 북대서양조약기구, 이슬람회의기구 등의 회원국이다. 최근 몇 년 사이에 가입이 좌절되는 아픔을 겪었지만, 여전히 공식적으로 유럽연합 회원국 후보이다.

공산주의의 몰락과 소련의 붕괴 이전에 북대서양조약기구의 동쪽 경계를 이루고 있었던 튀르키예는 서양 세계에게 전략적으로 중요한 나라였다. 북대서양조약기구의 함대가 이즈미르에 기지를 두고 있었고, 아다나와 바트만의 공군기지와 이스탄불(보스포루스 해협과 흑해 입구를 지킬 수 있는 요충지)은 필수적인 전략 자산이었다.

냉전이 끝나고 테러와의 전쟁이 시작되면서 튀르키예는 다시 중요한 전략적 협력자가 되었다. 극소수의 진정한 민주주의 이슬람 국가 중 하나인 튀르키예는 많은 사람들로부터 외부 지향적 이슬람의 모범이자 기독교 세계와 이슬람 세계 간의 평화적 공존의 사례로 평가받는다. 동시에 서양 국가들은 중앙아시아나 이슬람 세계와 튀르키예 사이의 끈끈한 문화적 관계를 인식하고 있고, 튀르키예 사회 내부에 서양 세계와의 유대를 약화시키고 중동이나 중앙아시아와의 유대를 강화하기를 바라는 세력이 있다는 점을 알고 있다.

현재 튀르키예가 역내의 주요 열강들과 맺고 있는 관계는, 국내적 필요성과 국제적 이해관계를 고려하는 능숙한 관리가 필요하다. 중국 신장 자치구의 튀르크계 위구르인들과 관련해 논쟁이 진행 중이고 국내에 위구르 난민들이 거주하고 있지만, 튀르키예는 중국과 사업적 관계를 유지하고 있다. 나머지 북대서양조약기구 가맹국들이 러시아를 매우 불안한 마음으로 바라보고 있지만, 튀르키예는 러시아와 여러 부문에서 협력하고 있다(러시아는 튀르키예의 가장 중요한 에너지 공급원이고, 튀르키예의 여러 기업이 러시아에서 영업하고 있다). 서양 국가들이 시리아의 쿠르드 반군을 지원하고 미국이 망명한 성직자인 펫훌라흐 귈렌의 인도를 거부함에 따라 최근 몇 년 동안 유럽이나 미국과의 관계가 경색되었다.

튀르키예에는 이슬람교도가 많다. 따라서 서양 세계는 흔히 튀르키예를 경계하는 동시에 튀르키예의 지지를 얻으려고 한다. 이런 점이 가장 극명하게 드러난 사례는 유럽연합에 가입하려는 튀르키예에 대한 서양 세계의 반응이다. 유럽연합이 설정한 여러 가지 가입 요건을 충족시키기 위해 노력했지만, 별다른 진전이 없었다. 이에 에르도안 대통령은 국가적 초점을 동쪽으로 돌려 역내 강국으로 발돋움하고자 한다.

에너지 수송관이 튀르키예의 영토를 관통해 동쪽과 서쪽을 연결하는 상황에서 주요 운송 중심지로 탈바꿈하기 위한 국가적 성공 전략의 일환으로 이스탄불에 새로운 공항이 건설되었다. 아울러 튀르키예는 지금 연중 내내 '일광 절약 시간제'을 유지하고 있다. 따라서 동양 국가들과의 소통은 편리해졌지만, 서양 국가들과의 시차가 커졌다.

【키프로스】

키프로스 섬에는 몇 세기 동안 싸움이 끊이지 않았지만, 현재의 위기가 시작된 때는 1960년대이다. 키프로스 국민은 이슬람교 신자인 튀르키예인과 정교회 신자인 그리스인으로 구성되어 있다. 1959년의 런던 조약에 따라 영국, 그리스, 튀르키예 등이 키프로스의 안정과 안보에 대한 정치적 책임을 함께 지기로 했다. 1960년대에 살인과 피비린내 나는 보복이 자행되면서 두 공동체 간의 긴장이 고조되었다. 소수 집단인 튀르키예계는 자신들의 의견이 제대로 반영되지 않는다고 느꼈다. 그들은 다수 집단인 그리스계가 키프로스와 그리스의 합병을 추진할까 봐 우려했다.

공동체 간의 폭력 행위가 늘어나고 키프로스 국가방위군 소속의 그리스계 극우파 장교들이 마카리오스 대통령 정부에 맞서 쿠데타를 일으키자 튀르키예의 빌렌트 에제비트 총리는 1974년에 키프로스에 군대를 파병했다. 튀르키예는 튀르키예계 키프로스인의 생명과 자유를 지키는 것이 런던 조약에 부합하는 행동이라고 생각했다. 반면 서양 국가들은 튀르키예의 행동을 침공으로 여겼다. 전투 현장에서의 교착 상태 이후 키프로스섬은 비무장지대를 경계로 분단되었다. 북쪽의 튀르키예계는 키프로스 튀르키예 연방공화국을 선포했고, 튀르키예 정부로부터 승인을 받았다. 튀르키예 외의 나머지 국가들은 키프로스 튀르키예 연방공화국을 불법으로 간주했고, 남쪽의 그리스계 정부만을 인정했다.

키프로스섬을 둘러싼 다양한 정치적 타협 시도에도 불구하고 그리스계와 튀르키예계 주민 사이의 해묵은 원한은 아직 가시지 않았다. 2004년 키프로스섬의 통일 문제에 관한 국민투표가 실시되었다. 기존의 입장을 완전히 바꾼 튀르키예계는 통일에 '찬성'했고, 그리스계는 '반대'표를 던졌다. 키프로스가 유럽연합에 가입하자 그동안 유럽연합이 해결한 것보다 더 많은 정치적 문제가 생겼고, 분단된 키프로스 문제는 한동안 그대로 남아 있을 전망이다.

02

가치관과
사고방식

"튀르키예인이라는 것은 이슬람교도라는 것이다." 이 말은 국적과 문화 모두를 규정하는 표현이다. 튀르키예인 모두가 이슬람교의 교리를 따르지는 않겠지만 인구의 99% 이상이 이슬람교를 믿는다. 외부 방문객이 이슬람교의 비중을 가장 인상적으로 느끼는 부분은 하루에 다섯 번씩 튀르키예의 모든 마을과 도시에 울려 퍼지는 이슬람교 기도 신호인 에잔이다.

양극화 사회

오늘날의 튀르키예 사회는 세속적 가치관과 태도를 지닌 사람들과 이슬람적 가치관과 태도를 지닌 사람들에 의해 양극단으로 나뉘어 있다. 보수적 성향의 이슬람교도들은 현대적 세속주의의 몇 가지 측면을 수용하기 힘들어하는 반면, 케말주의 성향의 세속주의자들은 이슬람교 전통의 일부 요소를 문제시한다.

문화의 충돌, 그리고 서로 다른 두 관점 간의 대립이 튀르키예의 사회적·정치적 지형을 지배한다. 2013년 초반 총리가 튀르키예의 국민음료는 알코올 음료인 '라크'가 아니라 요구르트 음료인 '아이란'이어야 한다고 말한 뒤, 과연 어느 것이 국민음료인가를 둘러싼 논쟁이 며칠 동안 치열하게 진행되었다.

양대 세력을 정확하게 반영하는, 튀르키예 사회에 대한 개괄적 설명을 내놓기는 어렵지만 종교적 분열을 뛰어넘어 모든 튀르키예인들이 공유하는, 깊고 근본적인 가치가 있다. 그중에서 가장 중요한 부분을 여기서 소개하겠다.

존경과 예우

튀르키예 문화는 존경, 예우, 자부심 같은 가치를 무척 강조한다. 튀르키예 사회는 '옛날'의 예의범절이 아직 어느 정도 지켜지고 있다. 그런데 대학생들과 비교적 젊은 성인들은 격식을 덜 차리는 경향이 있다. 그들 사이에서 성씨는 거의 쓰이지 않는다. 대신에 이름 뒤에 존경의 표시나 혈연관계의 표시로 호칭을 붙인다. 초면인 사람의 이름만 부르는 것은 실례이다. 상황에 따라 상대방의 이름 뒤에 암자(아저씨)나 테이제(아주머니), 혹은 베이(남자 경칭)나 하늠(여자 경칭)을 붙인다. 아이들과 청년들은 젊은 성인들을 아블라(언니, 누나)나 아아베이(형, 오빠)로 부르거나 이름 뒤에 붙인다. 따라서 존경의 뜻으로 상대방을 알바, 아아베이, 테이제, 암자 등으로 부를 수 있다. 강사나 교육자나 교사는 이름 뒤에 호자(선생님)를 붙여 부를 수 있다.

튀르키예인들은 고령자를 상당히 존경한다. 젊은이들은 특별한 휴일에 맨 먼저 집안 어른들을 찾아뵐 것이고, 그들의 안부를 적극적으로 챙길 것이다. 최근에는 공식 휴일 기간에 대가족과 함께 시간을 보내는 대신 해외여행을 떠나는 사람들도 있다. 자기보다 나이가 많거나 직위가 높은 사람에게 인사할 때 공손한 절 같은 몸짓을 하는 사람도 드물지는 않다. 백발의 방문객들은 튀르키예에서 특별히 후한 대접을 받게 될 것이다.

튀르키예 사회에서 예우는 중요하다. 튀르키예 문화는 위계질서가 뚜렷하고, 무척 가부장적이다. 개인들은 지위에 따라 서열이 정해진다. 나이는 서열을 정할 때 중요한 요소이다. 하지만 나이로 상대적 지위를 정하는 것은 연장자가 스스로를 어떻게 인식하느냐에 좌우된다. 예를 들어 '형'으로 불리고 싶어 하는 40대의 튀르키예 남자를 20대의 남자 방문객이 예우를 하려고 '아저씨'로 부른다고 가정해보자. 그러면 그 튀르키예 남자는 친구들에게 놀림을 받을 수도 있다. 그러나 일반적으로 외국인 방문객은 상대방의 의중을 알아챌 때까지 되도록 예우를 갖추는 편이 낫다. 예의를 차리다가 저지르는 실수가 그나마 낫기 때문이다.

【 존경심의 표시 】

존경심의 표시는 필수적이다. 개인적 평판, 가문, 명성, 부, 혹은 정치적·종교적 지도력 측면에서 힘을 지닌 사람들은 예우를 받을 수 있다. 또한 일정한 권한이 있는 사람도 자기 밑에 있는 사람들에게 예우를 받을 것이다. 일례로 고용주는 고용인에게 공손한 대접을 받을 것이고, 교사는 학생에게 예우를 받을 것이다.

타인을 언제, 어떻게 예우할 것인지 아는 것이 중요하다. 특히 서양 출신의 방문객은 지위를 확인하는 요령을 눈여겨보지 못할 수 있다. 가령 방문객은 중요한 인물에게 등을 보이지 않도록 유의해야 한다. 등을 보이는 행동은 특별한 지위에 있는 사람에 대한 심각한 모욕일 수 있다. 대신 뒷걸음으로 물러서야 한다. 마땅히 표시해야 할 존경심을 드러내지 않는 방문객은 무례한 사람으로 치부된다.

다수의 튀르키예인은 담배를 많이 피운다. 하지만 그들은 연장자 앞에서는 담배를 피우지 않는다. 그것 역시 존경심의 표시이다. 여러 사람과 함께 있던 누군가가 잠시 동안 밖에서 담배를 피우려고 나가도 놀랄 필요 없다.

또 다른 종류의 예우는 가족과 관계있다. 가족의 평판은 여자 식구들의 지조와 정숙함에, 그리고 그들의 고결한 행동이나 가족의 경제적 지위에 크게 좌우된다. 체면 손상은 가족에게 치명적일 수 있다. 명예가 실추되고 가족의 평판이 훼손되면 식구들은 문제를 일으킨 구성원을 내쫓음으로써 가족 전체의 명예를 회복할 책임이 있다.

조화는 튀르키예에서 최상의 가치이고, 따라서 조화로운 인간관계를 위협하는 경우 솔직함과 정직함은 긍정적인 속성으로 여겨지지 않는다. 많은 튀르키예인들은 일부 외국인들처럼 직설적으로 말하는 것을 무례하다고 느낀다. 만일 상대방에게 (직접적이거나 간접적으로) 불쾌감을 줄지 안 줄지 확실하지 않으면 입을 다무는 편이 나을 것이다. 튀르키예인은 상대방의 직설적 화법 때문에 체면이 깎이면, 그리고 본인의 생각이 존중받지 못한다고 느끼면 그 일을 잊거나 용서하지 않을 것이다. 그런 모습을 지켜본 사람들도 그것을 잊거나 용서하지 않을 수 있다. 모욕감을 느낀 사람은 평생 원한을 품고 살지 모른다.

튀르키예인들은 대체로 자신감이 넘쳐 보인다. 체면을 세우기 위해서 본인의 약점이나 실수를 인정하지 않는 편이다. 이때는 책임을 전가하는 경우가 많다. 튀르키예인들은 절친한 친구에게만 속내를 드러내는 경향이 있다.

【 품위 】

품위는 명예와 혼동하지 말아야 하지만 명예만큼 중요한 요소이다. 품위는 항상 유지되어야 한다. 예를 들어 중요한 부탁은 간접적으로, 혹은 제삼자를 통해서 전달될 것이다. 직접성에 더 익숙한 방문객들은 딱 자르는 거절이나 솔직한 '거부'를 피해서 답하는 요령을 배워야 한다. 그런 직접적인 반응은 부탁한 사람의 체면을 깎아버릴 우려가 있다. 부탁을 받는 사람이나 부탁을 하는 사람 모두 난처하지 않도록 하는 대답이 최선이다. 부탁을 거절할 때는 외부적인 이유를 대고, 상대방의 기분이 상하지 않도록 배려하는 것이 좋다.

아마 여러분은 제삼자를 통한 부탁을 일종의 속임수로 여길지 모른다. 솔직함과 직접성을 중시하는 서양인들은 공손하고 간접적인 대답을 부정직한 것으로 받아들일 수도 있다. 여러분의 튀르키예인 친구들은 그렇게 생각하지 않는다는 점을 이해하는 것이 중요하다. 오히려 그런 식의 부탁과 대답은 친절을 베푸는 것이고, 그들이 중시하는 여러분의 명예와 기분을 존중하는 것이다.

가족, 친구, 공동체

튀르키예 사회는 매우 집단지향적이다. 집단에 대한 헌신은 무엇보다 중요하다. 튀르키예인들은 자신의 정체성을 확인하고 지원을 얻어내는 데 필요한 집단에 충실할 것이다. 이 점은 "사랑의 가장 강력한 형태는 가족이다"라는 관용구에서 확인된다. 이 말은 결국 "당신은 누가 가족인지 알고 있다"라는 의미이다. 이것은 튀르키예 사회의 모든 부문에서 찾아볼 수 있는 다면적 가치이다. 최근 몇 년 동안 양극화가 심해지면서 집단에 대한 개인의 헌신이 한층 더 중요해졌다.

개인의 헌신을 가장 강력하게 요구하는 사회적 단위는 삶의 기본 구조인 가족이다. 가족은 구성원에게 다양한 혜택을 제공하지만, 일정한 의무도 요구한다. "무리에서 벗어난 양은 늑대에게 먹힌다"라는 튀르키예 속담이 있다. 가족은 삶의 모든 측면에서 구성원의 헌신을 바란다. 장남은 언제나 특별한 책임을 지니고 아버지를 도우며, 아버지가 없을 때는 형제자매를 돌본다. 자녀의 경우 어릴 때는 응석을 부려도 무방하지만, 성장하면 부모에게 일종의 사회보장 수단이 된다. 가족은 위기 상황이 닥칠 때 자연스럽게 서로를 도울 것이다. 이를테면 직장이 있는 누나는 실업자인 남동생을 도울 수 있다.

친구는 항상 중요한 존재이다. 우정에는 상당한 수준의 헌신, 공동 관심사, 오랜 시간 같은 요소들이 필요하다. 진정한 우정을 맺으려면 노력이 필요하다. 정기적으로 만나고 어려울 때 도와주는 태도가 중요하다. 진정한 친구끼리는 결코 배신하지 않는다. 우정은 여러 가지 이유로 형성되는데, 서로 간의 협조를 기대하는 것도 하나의 이유이다. 친구에게 도움을 받은 사람과 그 사람의 가족은 결코 신세를 잊지 말아야 할 것이다.

튀르키예인들은 전반적으로 나이와 신분과 성별이 같은 사람과 친교를 맺는다. 동등하지 않은 경제적·사회적 지위는 깊이 있는 우정에 걸림돌로 작용한다. 남자와 여자가 친구 사이인 경우 그 두 사람은 서로를 부를 때 친척 호칭을 쓴다. 예를 들면 여자는 남편의 친구를 자신의 도스트(친구)가 아니라 카르데쉬(오빠나 남동생)로 여길 것이다. 남편의 친구를 자신의 친구로 여기는 것은 남녀관계나 부적절하게 친밀한 관계를 의미할 수 있다.

개인주의의 조짐이 점점 짙어지고 있지만, 튀르키예인들은 아직 공동체를 매우 중시한다. 이웃들과 친척들은 서로의 손님들에게 음식과 잠자리를 제공하는 등 여러 가지 실용적 방식으로 서로를 돕는다. 위기가 발생하면 공동체와 이웃은 대체로 정성껏 지원한다. 개인주의보다는 집단 소속감에서 비롯되는 행동이 일반적이다.

국민적 자부심

"네 무틀루 튀르큠 디예네(나는 튀르키예인이라고 말할 수 있는 사람은 그 얼마나 행복한가)!"는 튀르키예에서 가장 많이 눈에 띄는 표어 중 하나이다. 이것은 조국과 국민에 대한 대다수 튀르키예 국민들의 믿음과 헌신적 태도를 진정으로 반영하는 표현이다. 최근 튀르키예의 한 대학교가 실시한 여론조사에 따르면 중앙아나톨리아 지역 주민들 가운데 85% 이상이 "자랑스러운 튀르키예인"으로 자부했다(하지만 쿠르드인들이 많이 살고 있는 남동부 지역에서는 이렇게 답변한 비율이 23%에 불과했다).

국민주권 및 어린이날인 초주크 바이라므를 축하하는 사람들

무스타파 케말 아타튀르크는 튀르키예인들에게 조국과 국민에 대한 자부심을 되찾아줬다. 튀르키예인의 이 뿌리 깊은 긍지는 다소 놀라운 방식으로 드러난다. 일례로 국기가 그려진 옷을 입는 것은 무례한 행동이다. 어느 인기 텔레비전 진행자는 공화국 창건일을 축하하는 프로그램에서 초승달과 별이 그려진 풍선을 발로 찼다가 전 언론의 십자포화를 맞았다. 국가國歌나 국기나 아타튀르크를 소재로 삼은 농담은 심각한 모욕이다. 튀르키예인들은 국가나 정부에 비판적일 수 있겠지만, 여러분이 그런 비판에 동의하거나 먼저 부정적인 말을 꺼내는 상황은 좋아하지 않을 것이다.

국민적 자부심의 극단적인 측면은 민족주의행동당MHP 같은 극우정당에서 드러난다. "튀르키예인을 위한 튀르키예"라는 표어를 내세우는 민족주의행동당은 전형적인 반反서양, 반외국인 성향의 정당이다. 민족주의행동당 지지자들은 '윌퀴 오자클라르Ülkü Ocakları(회색 늑대들)이라는 단체다. 이들의 상징은 늑대와 초승달과 별이다. 이 지지자들은 정치집회에서 늑대를 나타내는 손시늉을 한다.

아타튀르크, 세속주의, 종교

아타튀르크가 과거와 완전히 결별하면서 세속정부를 세웠지만, 이슬람교는 여전히 튀르키예 국민의 삶과 성격에서 중추적인 역할을 맡고 있다.

튀르키예 사회는 크게 네 가지 하위 집단, 즉 아타튀르크의 지지자(세속주의자), 좌파 세력, 이슬람 근본주의자, 현대 이슬람주의자로 나눌 수 있다.

아타튀르크의 지지자는 서양과의 연계를 지지하고, 기회가 있을 때마다 현대화를 추구한다. 그들은 교양 있고 진보적인 중산층 이슬람교도이다. 이슬람 율법에 반대하고, 이슬람 율법을 퇴행적이고 위험한 것으로 본다. 그들은 아타튀르크가 주창한 민주주의, 자유화, 현대화 같은 가치를 필사적으로 고수하려고 한다.

아타튀르크의 지지자들은 그의 초상이 담긴 옷깃 핀을 착용하고, 아느트카비르(앙카라에 있는 그의 묘소)를 방문하고, 그의 연설을 인용한다. 아타튀르크 사진은 대부분의 공공건물에 걸려 있다. 댐과 철도 같은 여러 중요한 공공장소의 명칭은 아타튀르크의 이름을 따서 지었다. 케말 아타튀르크의 흔적은 곳곳에서 눈에 띄고, 튀르키예를 처음 찾은 방문객은 자칫 이런 모습을 과거 공산국가에서의 지도자 숭배와 동일시할 수도 있다. 하지만 이는 학교 제도를 통해 장려될 뿐 강요되지는 않는다.

두 번째 하위 집단은 이슬람 사회주의자이다. 그들은 반서양적 좌파 성향의 튀르키예인들이고, 독실한 이슬람교도는 아니다. 쿠르드인 테러조직인 PKK도 이념적으로는 마르크스주의적이라는 점도 주목할 만한 사실이다.

세 번째 하위 집단은 이슬람 근본주의자이다. 그들은 아타튀르크의 추종 세력에 대해 극렬히 반대한다. 튀르키예가 이슬람교적 가치로 되돌아가기를 바라고, 이슬람교의 5대 기둥과 이슬람 율법을 성실히 실천해야 한다고 믿는다. 세속 국가 개념을 거부하고, 정도의 차이는 있지만 정교일치를 지지한다. 그들은 세속주의자들이 반대하는 두건 착용과 어린이 대상의 아라비아어 및 쿠란 교육 같은, 종교에 근거한 활동을 장려한다.

네 번째 하위 집단은 현대 이슬람주의자이다. 최근에 형성된 이 집단은 고학력 중산층 시민과 세속주의적 성향을 띠지 않는 이슬람교도로 구성되어 있다. 이 집단에 속한 여성들은 이슬람 두건(머리쓰개)을 착용한다. 현대 이슬람주의자들은 미

• 이슬람교의 5대 기둥 •

- '샤하다'로 불리는 신앙고백: "알라 이외의 신은 없으며 무함마드는 알라의 예 언자이시다"라고 암송하는 사람은 이슬람교도로 인정될 것이다.
- 하루 다섯 번의 기도
- 라마단 시기의 금식
- 자선 기부
- 하즈: 모든 이슬람교도는 평생 동안 적어도 한 번은 메카로 성지 순례를 떠 나야 한다.

니스커트 같은 자극적인 옷, 술, 나이트클럽에 반대한다. 그들은 친목 모임에서 남성과 여성을 분리하는 경향이 있다. 그들의 언어 습관은 이슬람교 용어와 오스만 제국 시대의 튀르키예어, 아라비아어, 페르시아어 등에서 차용한 단어에 영향을 받고 있다.

현대 이슬람주의자는 자체적인 인맥 범위 안에서 사업을 진행하는 경향이 있다. 정교분리를 완화하려고 하면서도 서양과의 더 밀접한 유대를 추구하는 정의개발당을 지지한다. 그들의 중요한 대중 조직은 튀르키예의 재미 이슬람 학자인 펫

홀라흐 귈렌(2014년부터 에르도안 대통령을 비판했고, 2016년에는 쿠데타의 배후로 지목된 인물 - 옮긴이)과 관계있는 '히즈메트'이다. 히즈메트는 튀르키예의 학교, 사업가, 언론재벌 등과 연결된 조직이다. 그러나 2016년에 쿠데타가 실패한 뒤, 고위급 군인들과 판사들을 포함한 수만 명의 귈렌주의자들이 체포되었고, 그들의 자산이 압수되었다.

이슬람교

"튀르키예인이라는 것은 이슬람교도라는 것이다." 이 말은 국적과 문화 모두를 규정하는 표현이다. 튀르키예인 모두가 이슬람교의 교리를 따르지는 않겠지만 인구의 99% 이상이 이슬람교를 믿는다. 이슬람교는 신앙이자 삶의 방식이다. 종교적이면서도 정치적인 성격의 통합적 신념체계이기도 하다. 유일신 알라는 우주만물의 창조자로 통하고, 영혼인 '루흐ruh(생기, 생명, 자비, 지브릴)'의 궁극적 원천이다.

코란은 이슬람교 경전이다. 코란은 예언자 무함마드가 계시를 통해 깨달은 신의 말씀을 적은 것으로 통한다. 무함마드는

이스탄불에 있는 성 소피아 대성당의 내부

코란의 여러 장(수라)을 필사자들에게 읊어줬다. 코란은 신성한 것이고, 가장 아름다운 아라비아 문학 작품 가운데 하나로 꼽힌다. 여러 가지 이슬람 전통과 관행은 코란이 아니라 예언자 무함마드의 말과 행동, 그리고 그가 허락한 것을 기록한 하디스에 실려 있다.

　아마 외부 방문객들이 가장 주목하는 이슬람교의 요소는 튀르키예의 도시와 마을 곳곳에 울려 퍼지는 기도 신호인 에잔ezan일 것이다. 기도는 하루에 다섯 번씩 해가 뜰 때, 정오에, 오후 중반에, 해가 질 때, 한밤중에 드린다. 에잔은 아라비아어로 낭송되고, "신은 위대하다"라는 뜻의 "알라후 아크바르^{Allah-u} Akbar"라는 말로 시작된다. 기도 신호는 낭송 전문가인 무에진 ^{muezzin}이 보낸다. 과거에 무에진은 계단으로 첨탑 꼭대기까지 올라가야 했지만, 기술이 발달한 요즘에는 그럴 필요 없이 마이크와 확성기를 사용하는 경우도 있다. 흔히 기도 신호는 여러 이슬람교 사원에서 몇 초 차이로 시작되기 때문에 도시의 여기저기에서 합창을 이루며 신자들에게 기도 시간을 알린다.

이슬람교 사원은 이슬람교 교리를 가르치고 종교 활동을 펼치기 위한 기본적인 공동체 공간이다. 이맘은 기도를 주재하고 가르침을 전하는 사람이다. 튀르키예의 대다수 이슬람교도들은 주류인 수니파에 속한다. 튀르키예에 있는, 잘 알려진 이슬람교의 소수 집단 혹은 분파 중에 수피파와 알레비파가 있다. 신비주의 경향의 두 집단 모두 음악을 예배의 일환으로 사용한다.

시아파에 속하는 알레비파는 튀르키예 인구의 약 10-15%를 차지한다. 그들은 예언자 무함마드의 사촌 겸 사위인 알리의 후손에게 칼리파 자격이 있다고 믿는다는 점에서 수니파와 다르다. 그들은 이슬람교 사원인 모스크 대신에 공회당인 쳄에비^{cemevi}에서 만나고 예배를 드린다. 그들의 모임은 협회나 종교 단체에 더 가깝다. 남녀가 함께 쳄에비에 들어가 앉을 수 있지만, 좌석은 서로 격리된다. 공동 예배에는 음식, 음악, 춤, 때로는 술이 등장한다. 알레비파의 지도자는 피르^{Pir}(영적 지도자)와 데데^{Dede}(선임 수행자로 장로와 비슷하다)이다.

새로운 종교 구조

과거에 튀르키예의 이슬람교는 모든 신자들의 영적 지도자인 칼리파의 자격을 갖춘 술탄이 이끌었다. 칼리파 제도는 아타튀르크에 의해 폐지되었지만, 여전히 국가가 국가종무국^{國家宗務局}을 통해 종교적 사안을 관장하고 있다. 현재 국가종무국은 대통령 산하의 정부기관이다. 튀르키예 헌법 136조에 따라 설립된 이 기관은 "세속주의 원칙에 따라, 모든 정치적 견해와 이념에서 벗어나, 그리고 국민적 연대와 통합을 목표로" 신앙, 예배, 도덕 기준 같은 원칙을 감독한다. 2000년대에 국가종무국 직원 수가 2배가 되었고, 예산도 눈에 띄게 늘어났다. 튀르키예 정부는 종교적 표현과 해석을 지시하고 감독한다. 국가종무국^{國家宗務局}은 총리 산하의 정부기관이다. 튀르키예 헌법 136조에 따라 설립된 이 기관은 "세속 국가의 원칙에 입각해, 모든 정치 이념에서 벗어나, 그리고 국민 통합의 원칙에 따라" 신앙, 예배, 도덕 기준 같은 원칙을 감독한다. 국가종무국은 모든 종교 지도자를 임명하고 교육한다. 이슬람교 학자인 무프티는 각주와 군 단위에서 발생하는 종교적 사안을 책임지고, 국가종무국이 규정한 원칙에 따라 모든 이맘(기도를 주재하는 사람)들과 규칙을 관리한다.

모든 종교 교육은 국가종무국이 허가한 코란학교를 통해, 혹은 교육부가 운영하는 국가교육제도(일반 학교와 대학교)를 바탕으로 시행된다.

이슬람교 관습 문제는 국가종무국을 통해 해결된다. 국가종무국의 웹사이트에는 평상시의 기도 신호, 그날의 하디스 경구와 운문, 전문가에게 종교 문제를 문의할 수 있는 방법 등이 나와 있다.

교육

도시의 중상류층에 속한 튀르키예인들은 교육을 무척 중시한다. 부모는 장래에 보수가 좋은 일자리를 얻기 위해 공부를 열심히 하도록 자녀를 타이른다.

아이들은 6세부터 8년 동안 학교에 다녀야 한다. 학교는 사립학교와 공립학교로 나뉜다. 공립학교는 학급 수가 매우 많다. 유치원(유바)과 학령 전 학교(아나오쿨)는 사립이다.

교육은 교육부가 관할한다. 초등학교에서 한 주는 국가國歌로 시작해 국가로 끝난다. 매일 학생들은 아타튀르크의 원칙을 따르겠다고 약속하면서 다음과 같이 외친다. "나는 튀르키예인이고 올바르게 생활하며 열심히 공부합니다. 나의 신조는 나보다 약한 사람들을 보호하는 것, 어른을 존경하는 것, 나보다 이 땅과 이 나라를 더 사랑하는 것입니다. 우리나라는 성장하고 발전하고 있습니다. 오, 위대한 아타튀르크님이시여, 저를 위해 만들어주신 길을 꾸준히 걷겠습니다. 제게 보여준 목표를 향해 걷겠습니다. 저의 몸과 마음을 튀르키예 국민에 바치고 싶습니다. '나는 튀르키예인'이라고 말할 수 있는 사람은 그 얼마나 행복하겠습니까?"

최근 들어 사립학교와 대학교의 수가 현저하게 증가하면서 교육제도는 여러 가지 변화를 겪고 있다. 수십 년 동안 학생들은 무턱대고 외우는 방식으로 공부했다. 그러나 요즘에는 한층 실험적인 접근법을 지향하는 움직임이 있다. 튀르키예의 학교는 수학, 튀르키예어, 역사, 종교, 시민의식 등의 과목을 중시한다. 고등학교와 대학교 입학시험은 경쟁이 치열하다. 튀르키예의 아이들은 많은 숙제에 시달리고 주말에 과외수업을 받는다. 흔히 부모들은 독일어나 영어나 프랑스어로 가르치는 학교에 들어가려면 더 좋은 점수를 받아야 한다며 아이들을 다그친다.

오늘날 역사상 유례없이 많은 여성들이 대학교를 졸업하고 전문 분야로 진출하고 있다. 2021년에는 전체 대학생의 절반가량이 여성이었고, 튀르키예의 대학교가 유럽연합이나 미국의 대학교보다 여성 강사의 비율이 더 높았다. 여러 대학교가 외

이스탄불 대학교 학생들이 졸업을 자축하고 있다.

국어 강의를 운영하고, 2년제와 4년제 학위제도를 시행한다.

사회 속의 여성

튀르키예 사회에서 여성의 역할은 지난 몇 세기 동안 급격하게 변화했다. 교육 수준이 높아지면서 여성의 역할을 남편 봉양과 출산에만 국한하는 견해는 점점 힘을 잃고 있다. 규방이 딸려 있는 톱카프 궁전은 현재 관광지에 불과하다. 거리를 걷다 보면 남성에 대한 종속의 이미지를 풍기는 이슬람 머리쓰개를 쓴 여성들과 퇴근 후 초밥집에서 휴식을 취하는 미니스커트 차림의 직장 여성들이 눈에 띈다. 개인 소유의 자동차를 운전하는 여성들도 있다. 그러나 아직 택시나 트럭이나 버스를 타는 여성들이 더 많다! 여성들은 회사도 경영한다. 톱 모델이고, 최고의 텔레비전 진행자이며, 일류 정치인이기도 하다. 1990년대에는 여성 총리도 있었다.

1926년에 제정된 민법에 따라 일부다처제가 혁파되었고, 혼인 가능 최저 연령이 도입되었다. 아울러 평등한 상속권이 부여되었고, 여성의 증언이 법정에서 남성의 증언과 동일한 효력을 지니게 되었다. 1930년 아타튀르크는 유럽의 여러 나라들보다 먼저 여성에게 투표권을 부여했다.

회사와 사무실에서 일하는 여성들은 흔히 성과에 따라 어렵지 않게 승진할 수 있다. 유럽의 여러 나라에서 원성이 자자한 유리천장 문제가 오늘날의 튀르키예 기업에서는 비교적 심하지 않다. 교육을 받은 중상류층 여성들은 금융, 법률, 의료 같은 전문 분야에서 여러 가지 중요한 역할을 맡고 있다.

어떤 튀르키예 여성들은 자신의 역할을 현모양처로 생각한다. 소규모 도시나 시골이나 하층민 지역에 거주하는 많은 여성들은 자신의 주된 역할을 가정에서의 긴장 관리자로 여긴다. 어머니는 모든 식구가 다가가는 존재이다. 어머니는 아버지와 자녀 사이를 중재하고, 사회적 변화로 초래된 부담을 덜어주고자 애쓰는 사람이다.

여성이 스스로의 명예를 지키는 것이 정말 중요하다. 튀르키예인들은 여성의 처신에 따라 남녀 사이의 적절한 행위 여부가 결정된다고 믿는다. 순결은 굉장히 중대한 가치이다. 어떤 면에서 보면 남성에 대한 기준은 여성에 대한 기준과 같지 않다. 부적절한 행위를 저지른 여자는 가문에서 추방되거나 그보다 훨씬 심각한 처분을 당할 수 있다. 극단적인 사례를 들자면, 집안의 어른들이 문제를 일으킨 여자의 남자 친척 중 한 사람을 즉결처형자로 지명하는 결정을 내리기도 한다. 하지만 그런 사례는 점점 드물어지고 있다.

특히 교육을 받은 여성들의 경우는 형편이 차츰 나아지고 있지만, 아직 몇몇 전통적인 규범이 적용될 수도 있다. 예컨대 종교적으로 보수적인 분위기의 집단에서는 여자가 혼자 사는 경우가 흔치 않다. 여자 친척과 함께 살거나 다른 친척의 집에 들어가 살아야 한다.

일반적으로 다른 사람들과 함께 있는 자리에서 여성의 움직임은 신중하고 조심스러워야 하고, 친목 모임에서는 행실을 조심해야 하며, 친근한 미소, 눈맞춤, 남녀 동석 상황에서의 우연한 호의 등을 피해야 한다. 한편 직장에서는 이와 같은 규칙이 상황에 따라, 그리고 관련자들의 지위에 따라 다르게 적용될 수 있다.

고향과 동향인

고향(멜레케트)과 동향인(헴셰흐리)의 개념이 강하다. 그동안 읍과 도시를 향한 대대적인 이주가 있었지만, 튀르키예인들은 좀처럼 과거와의 유대를 잊지 않는다. 도심지에서 태어난 사람들도 자기 가족의 뿌리가 있는 곳을 고향으로 삼을 수 있다. 튀르키예의 어느 노래 가사에는 이런 애향심과 정체성이 완벽히 드러나 있다. "저 멀리 마을이 있다네. 그곳을 가든 못 가든 여전히 우리 마을이라네."

사람들은 자신과 동일한 지역 출신인 사람들에게도 애착을 느낀다. 대부분의 대도시에는 특정 지역 출신의 사람들이 서로 만나고 도움과 지원을 주고받을 수 있는 사교 클럽이 있다.

03

관습과 전통

튀르키예 사람들은 금식을 하는 라마단 기간에 평소보다 더 많이 먹는 바람에 몸무게가 늘어나기도 한다. 튀르키예인들이 금식하는 한 달 동안 음식에 관심을 거의 갖지 않을 것으로 생각하는 사람이 많겠지만, 사실은 정반대이다. 여자들은 최고의 이프타르 요리를 선보이는 것을 무척 자랑스러워하고 잡지와 텔레비전에는 각종 요리 프로그램이 나온다.

국가 공휴일

튀르키예에는 여러 가지 국가 공휴일이 있는 것처럼 보이지만, 공휴일이 주말과 겹쳐도 대체 휴일이 없다. 튀르키예의 공식 달력은 서양의 그레고리력이다. 비종교적인 국가 공휴일은 날짜가 일정하고, 아타튀르크 시대의 의미 있는 사건을 기념하는 날이다. 종교 공휴일은 이슬람교 음력에 근거한다. 따라서 날짜가 해마다 바뀐다. 대부분의 휴일 동안 많은 사람들이 국내의 다른 지역에 있는 가족을 만나러, 혹은 국내나 해외로 휴가를 떠난다. 도시 간 버스와 항공기는 몇 주 전부터 예약이 꽉 찬다. 도로가 자동차로 북적대고, 교통사고가 많이 일어난다.

【 신년: 1월 1일 】

이슬람 근본주의자들은 이 공휴일을 지키는 것을 죄라고 믿지만, 세속주의적 이슬람교도들은 그렇게 생각하지 않는다. 튀르키예인들은 이날을 유럽과 미국에서 성탄절을 축하하는 것과 비슷한 방식으로 기념한다. 이날에 쓰이는 장식물 대부분은 서양의 성탄절 장식물과 동일하다. 산타클로스의 유래가 된 인물은 튀르키예의 안탈리아 주의 소도시 뮈라 출신인 성 니콜라우스이다. 사람들은 새해맞이 트리를 세우고 장식물을 걸어둔다. 가족끼리 신년 전야에 선물을 주고받고, 저녁에 칠면조 요리를 먹는다. 적당한 사업용 선물은 초콜릿, 커피, 치즈, 과일, 그리고 심지어 술이나 담배 같은 품목이 담긴 신년 바구니이다(선물의 종류는 선물을 받는 사람이 세속주의 대 이슬람교의 논쟁에서 취하는 장에 따라 다르다). 꽃과 초콜릿은 연중 언제라도 좋은 선물이다. 친구들을 위한 선물은 치첵세페티 Cicek Sepeti(www.cicseksepeti.com) 같은 온라인 상점들을 통해 구입할 수 있다.

【 국민주권 및 어린이날: 4월 23일 】

국민주권 및 어린이날은 아타튀르크가 독립전쟁 기간에 대국민의회를 소집한 날을 기리는 날이다. 모든 학교에서 특별한 기념행사와 행진을 펼치고, 아타튀르크를 주제로 삼은 시를 낭송한다. 또 한 세계 각국의 아이들이 비행기를 타고 앙카라에 도착해 국제민속행사에 참가한다. 모든 국민이 국기를 내건다. 관청에는 대형 국기가 게양되고 아타튀르크의 사진으로 뒤덮인다. 공무원들은 앙카라에 있는 아타튀르크의 영묘를 참배한다. 각 도시에 있는 아타튀르크의 조각상 주변에서도 비슷한 의식이 열린다. 각 도시에 있는 아타튀르크의 동상 주변에서도 비슷한 의식이 열리지만, 의식의 규모와 거리 장식 상태는 해당 자치체가 세속주의와 비세속주의 중 어느 편에 서 있는가에 따라 다를 것이다.

【 노동절: 5월 1일 】

이 국제적 공휴일은 노동운동의 업적을 기념하고자 매년 5월 1일에 지키는 날이다.

【 민주주의와 국민통합의 날: 7월 15일 】

민주주의와 국민통합의 날The Democracy and National Unity Day은 2016년의 쿠데타 시도에 맞서다 다치거나 죽은 사람들을 기억하기 위해 제정한 공휴일이다.

【 민주주의와 노동절: 5월 1일 】

이 국제적 공휴일은 노동운동의 업적을 기념하고자 매년 5월 1일에 지키는 날이다.

【 승전기념일: 8월 30일 】

이날은 외국 열강들을 튀르키예 땅에서 쫓아낸 독립 전쟁에서의 승리를 기념한다. 앙카라에서 열병식이 열리고, 이스탄불에서는 해군 선단과 헬리콥터 편대가 보스포루스 해협을 지나가며 위용을 자랑한다. 각 도시의 아타튀르크 조각상 주변에서 의식이 열리고, 유명 인사들이 아타튀르크의 영묘를 찾는다. 저녁에는 번화가를 따라 시민행진이 펼쳐지는데, 이때 횃불이 등장하는 경우도 많다.

【 공화국 창건 기념일: 10월 29일 】

튀르키예 공화국의 창건을 기념하는 날이다. 아타튀르크와 공화국을 기념하는 의식의 규모와 동원되는 국기의 측면에서 볼

공화국 창건 기념일 의식에 참가한 어린이들

때 1년 중 가장 큰 행사가 열리는 날이다. 국민주권 및 어린이 날(초주크 바이라므)이나 청년체육의 날(겐칠리크 바이라므)과 마찬가지로, 친親아타튀르크 성향의 세속주의자들이 더 열정적으로 축하하는 날이다.

【 11월 10일 】

이날은 공휴일은 아니지만, 오전 9시 5분에 아타튀르크를 추모하는 1분간의 묵념을 올린다. 이때 공공장소에서는 하던 일을 멈추고, 조용히 부동자세로 서 있어야 한다. 화재경보기와 사이렌이 울려 퍼지고, 운전자들은 경적을 울릴 것이다.

종교 공휴일

종교 공휴일은 매년 이슬람 달력에 따라 날짜가 바뀐다. 음력은 그레고리력보다 약 11일이 짧다. 그래서 공휴일은 해마다 날짜가 앞당겨진다. 공휴일 날짜는 천문학자들이 관측과 계산을 실시한 뒤 공식적으로 선포된다. 그런 다음 당국이 공휴일의 기간을 결정한다. 만약 주말과 공휴일 사이에 평일이 하루

밖에 없으면 그날을 주말과 공휴일에 더해 일주일의 긴 공휴일 기간을 만들 수 있다.

【 희생절 】

희생절(쿠르반 바이람: 이드 알 아드하)은 제일 중요한 종교 공휴일이다. 기간은 4일이다. 희생절의 취지는 족장 이브라힘이 기꺼이 아들을 제물로 바치려고 하면서 알라의 뜻에 절대적으로 복종하는 행동을 보여준다는 코란의 이야기를 기념하는 것이다('이슬람'이라는 단어의 의미는 '복종'이다). 신은 이브라힘을 말리고, 아들 대신에 숫양을 바치도록 한다(이 부분은 아들이 이삭이 아니라 이스마엘이라는 점만 빼면 성경의 설명과 비슷하다).

튀르키예의 이슬람교도들은 희생절 첫날에 아침 기도를 마친 뒤 동물을 제물로 바치면서 코란에 나오는 이 이야기를 되새긴다. 그런데 최근 들어 공중보건법이 바뀌면서 자기 집 뒷마당에서 동물을 제물로 바치는 행위는 불법으로 규정되었다. 각 지역 당국은 가축을 구매하는 장소와 전문가들이 희생 제의를 치르는 장소를 제공한다. 고기는 가난한 사람들과 생활이 어려운 사람들에게 공짜로 주고, 이웃이나 친구들에게도 나눠준다.

【라마단】

이 신성한 금식의 달은 '나머지 11개 달의 술탄(왕)'으로 불린다. 이 기간에는 의무적으로 금식해야 한다(사람들은 라마단 외의 다른 시기에도 자발적으로 금식할 수 있다). 모범적인 이슬람교도들은 이 기간의 일조 시간에 음식, 음주, 성행위, 흡연 등을 삼간다. 일조 시간은 시기마다 다르다. 겨울에는 낮이 짧기 때문에 여름철보다 금식이 더 쉽다. 달력에는 아침에 금식이 시작되고 저녁에 금식이 끝나는 정확한 시각이 나온다. 금식이 시작되고 끝나는 시각은 튀르키예 전역의 도시마다 다르다. 서쪽의

이프타르: 가족들과 친구들이 라마단 기간에 해가 진 뒤 금식을 깨고 저녁을 먹고 있다.

이스탄불과 이즈미르에 사는 사람들은 동쪽의 트라브존과 디야르바크르의 주민들보다 늦게 금식을 시작할 것이다. 어린이, 여행자, 임신부, 환자 등은 금식을 하지 않아도 된다. 많은 준비가 필요하다. 여자들은 집안 구석구석을 청소하고, 전통적인 식사에 필요한 식료품을 충분히 저장해둔다.

금식 중인 사람들은 해가 뜨기 전에 일찍 일어나 아침 식사인 사후르를 먹는다. 북 치는 사람들은 거리를 오가면서 해가 곧 뜬다고, 낮이 되기 전에 음식을 먹을 수 있는 마지막 기회라고 알려준다. 월말 무렵 북 치는 사람들은 사례금을 받으려고 집집마다 초인종을 누른다.

날마다 해가 질 때 금식이 끝난다. 금식을 깨는 것, 즉 저녁 식사인 이프타르는 기도로 시작된다. 이때는 전통적으로 대추야자나 올리브 열매를 먹는다(무함마드는 대추야자 열매를 즐겨먹었다). 저녁 식사를 시작하는 순간을 알 수 있는 방법은 여러 가지가 있다. 예전에는 이슬람교 사원에서 '라마단 토푸'라는 대포를 발사했지만, 지금은 폭죽이나 꽃불로 대체되었다. 이슬람교 사원의 첨탑에 있는 등을 밝히는 방법도 있다. 아마 오늘날의 튀르키예에서 가장 널리 눈에 띄는 저녁 식사 신호는 텔레비전에 나올 것이다. 텔레비전 화면 하단 자막에 각 도시의 정확한 이프타르 시간이 나온다. 금식이 끝나는 저녁 식사 시간을 전후로 텔레비전에는 주로 이슬람교 사원의 사진, 이슬람 음악, 이슬람교 학자들 간의 토론, 코란 영창詠唱 같은 종교적 소재가 등장한다.

더운 날씨에 금식하기란 어렵다. 담배를 피우는 사람들이 이 기간에 흡연 욕구를 참는 것은 정말 힘들다! 이프타르 직전에는 모두가 서둘러 저녁 식사 장소로 몰려가기 때문에 사소한 문제에도 성질을 부릴 수 있고, 거리에는 교통 체증이 심해질 수 있다. 이때는 교통사고가 평소보다 더 많이 발생한다. 그러므로 이때는 택시를 잡지 말기 바란다. 아마 택시 기사들은 승객을 태우는 데 관심이 없을 것이다. (그러므로 이때는 택시를 잡으려고 하지 말기 바란다. 아마 택시 기사들은 승객을 태우는 데 관심이 없을 것이다!). 그리고 라마단 기간에는 힘든 육체노동을 기대하기 어렵다.

이프타르는 푸짐한 한 끼 식사이다. 때때로 사람들은 평소보다 라마단 기간에 더 많이 먹는 바람에 몸무게가 늘어난다. 튀르키예인들이 금식하는 한 달 동안 음식에 관심을 거의 갖지 않을 것으로 생각하는 사람이 많겠지만, 사실은 정반대이다. 여자들은 최고의 이프타르 요리를 선보이는 것을 무척 자랑스러워하고 잡지에는 각종 요리법으로 가득하며 오후의 텔레비전에는 요리 프로그램을 진행하는 유명 요리사들이 나온다. 이프타르를 먹는 자리에 초대받는 것은 정말 감사한 일이다. 절대 거절하지 말아야 한다.

라마단은 중요한 자선 기부의 기회이기도 하다. 각 지역 당국은 형편이 어려운 사람들에게 공짜로 이프타르를 나눠주는 라마단 천막을 시내 중심가에 설치할 것이다. 이때는 부유한 기부자들의 후원을 받을 수도 있다.

라마단 관련 전통이 있다(술탄 시대에는 라마단이 축제 기간이었다). 평소에는 좀처럼 보기 힘든 요리가 나온다. 특별한 빵인 라마단 피데는 맛있다. 금식을 하다가 이프타르를 먹는 시간을 앞둔 사람들은 빵집 밖에 줄지어 서 있다. 라마단 기간의 저녁에는 더 많은 남자들이 이슬람교 사원을 찾는다. 그리고 지역 당국은 곡예, 폭죽 터트리기, 인형극 같은 전통적인 오락행사를 개최할 수도 있다. 기업과 단체가 중요한 만남을 위해 호텔이나 식당에서 이프타르를 먹는 행사를 주최할 수도 있다.

정말 놀랍게도 모든 튀르키예인이 금식에 참여하지는 않는다. 라마단 기간에도 대도시의 식당과 카페는 열려 있다. 하지만 길거리에서는 음식을 먹지 않는 것이 좋다. 이 기간에 사업상의 만남이나 상점에서 물이나 차를 대접받을 수도 있다. 이때 물이나 차를 마셔도 무례는 아니다. 함께 있는 사람들 가운데 몇몇이 금식 중이라도 상관없다(금식을 하는 사람의 입장에서는 다른 사람이 음료를 마시는 상황에서도 금식을 지키면 더 돋보일 수 있다). 여러분이 누군가에게 금식 중인지 아닌지 물을 경우 금식을 하고 있는 사람은 "니예틀리임niyetliyim"이라고 대답할 것이다. "(금식을 완수)하려고 합니다"라는 뜻이다. 그러면 여러분은 "알라흐 카불 에트신Allah kabul etsin"이라고 말해야 한다. "부디 신이 그 마음을 받아들이시기를 빕니다"라는 뜻이다.

【 라마단 공휴일 】

라마단 공휴일(셰케르 바이람: 이드 알 피트르)은 라마단 달이 끝났다는 것을 축하하는 3일간의 축제이다. 튀르키예어 명칭인 셰케르 바이라므는 '설탕 휴일'을 뜻한다. 모두가 사탕을 사서 주변 사람들에게 선물로 준다. 혹은 문을 두드리는 아이들에게 나눠준다. 첫째 날은 가족 잔칫날이다. 온가족이 최고 연장자의 집에 모여 어른들에게 존경을 표하고 손에 입맞춤한다. 아이들은 친척 어른들에게 용돈인 '바이람 하르츠'를 받는다. 대개의 경우 모든 가족이 돌아가신 친척들의 무덤을 찾아 영혼의 안식을 기도한다.

둘째 날과 셋째 날에는 사탕을 들고 친구나 친척의 집을 방문한다. 사무실에서는 직원과 업무상의 지인에게 초콜릿을 나눠준다.

【칸딜】

칸딜은 공휴일이 아닌 기념일이다. 특별한 종교적 의미가 있는 칸딜은 1년에 다섯 번 있다. 칸딜에 해당하는 날은 무함마드의 탄생일, 무함마드의 어머니가 아들을 잉태한 밤(용서와 자비를 받아들인 시간), 용서의 밤, 권능의 밤(무함마드가 코란을 받은 밤), 밤의 여정이 펼쳐진 밤(무함마드가 승천한 밤) 등이다. 칸딜에는 이슬람교 사원 첨탑에 등을 밝힌다. 이날에는 고리 모양의 과자인 칸딜 시미디를 만든다. 이때는 흔히 텔레비전에서 종교 관련 프로그램이 방송된다.

독실한 이슬람교도들은 집에서 종교의식(메블루트)을 치르기도 한다. 이때 이맘(기도를 주재하는 사람)이나 데데(영적 지도자)는 코란 영창을 이끌고 종교적인 시를 낭송할 것이다. 이맘과 데데는 사람들에게 호자(선생님)로 불릴 수 있다. 여성들은 머리쓰개와 드레스를 정숙하게 차려입는다. 사람들은 예배를 드리다가 어느 시점이 되면 몸을 메카 쪽으로 돌린다.

예배의 끝을 알리는 마침 기도를 드리고, 손님들의 손에는 장미 향수가 뿌려진다. 의식이 끝난 뒤 주인은 다과를 내놓는다.

【 그밖의 종교 축제 】

튀르키예 곳곳의 현지 사정에 따라 다양한 종교 축제가 열린다. 예를 들어 매년 8월에 하즈벡타쉬에서는 알레비파 명절을 보낸다. 알레비파 명절은 사흘간의 축하행사이다. 축하행사에는 그 지역에 자리 잡은 알레비파 신도들이 대거 참가한다. 그들은 12세기에 중요한 수행자 단체를 창시한 하즈벡타쉬의 가르침을 기린다. 하즈벡타쉬가 남긴 가장 유명한 말은 "네 손과 사타구니와 혀의 주인이 되어라"이다.

메블라나 축제는 매년 12월에 콘야에서 열린다. 수행자들은 이슬람 세계의 위대한 신비주의 시인이자 메블라나 교단의 창시자인 메블라나 잘랄루딘 루미(1207~1273년)의 가르침에 따라 춤을 춘다. 수행자들은 흰 예복을 입고 원뿔 모양 모자를 쓴 채 북과 목동의 피리 장단에 맞춰 빙글빙글 돈다. 그 매력적인 원 모양의 춤은 천구天球의 조화와 우주적 사랑의 표현이다. 춤은 약 1시간 동안 진행된다. 춤추는 사람들은 한 손을 들어 신을 가리키고, 다른 손을 내려 땅을 가리킨다. 이것은 최면 상태에서 일어나는 신과의 합일을 상징한다. 이 수피교 춤은 아타튀르크 시절에는 금지되었다가 최근에 튀르키예 사회사의 일부분으로 인정받아 되살아났다.

또 하나의 중요한 연례 종교행사는 하즈, 즉 메카 순례이다. 순례자들은 대개의 경우 연장자이다. 비교적 작은 도시에서는 사람들을 떠나보내고 다시 맞이하는 대규모 축하행사가 열리는 것이 보통이다. 순례 기간에 버스터미널과 공항은 간소한 흰 옷을 입은 순례자들로 붐빈다. 순례에서 돌아오는 사람들은 하즈로 불린다. 하즈는 순례를 다녀온 사람이라는 뜻이다. 그들은 자기 집 정원의 문이나 건물 현관을 녹색으로 칠할 권리가 있다. 누군가가 순례를 다녀왔으면 그 사람의 집을 방문하는 것이 좋다. 염주나 메카의 신성한 샘물에서 떠온 물 같은 선물을 받을 수 있기 때문이다.

【아슈레】

이날은 여성들이 아슈레 푸딩을 준비해 이웃들에게 나눠주는 특별한 날이다. 노아의 푸딩으로 알려져 있는 아슈레는 노아가 방주에 실었다는 이 세상의 모든 곡식과 과일로 만든 달콤한 후식이다.

지역 축제

지역별로 연례 축제가 있다. 지역 축제는 스포츠나 현지의 농산물과 연계되는 경우가 많다.

1월 셀축(낙타 싸움)

5월 실리프케(음악과 민속), 테키르다(체리 축제)

6월 부르사(비단 축제)

7월 에디르네(전통 레슬링), 악셰히르 나스레딘 호자 축제

셀추크 낙타 싸움 축제에서 공연하는 제이벡(Zeybek) 무용수들

에디르네 전통 기름 레슬링 시합에서 맞붙은 선수들

10월 안탈리아(국제 예술 축제)

12월 뎀레 축제(성 니콜라우스), 콘야 메블라나 축제

튀르키예의 전통

앞서 살펴봤듯이 튀르키예인이라는 것은 이슬람교도라는 것이다. 세속주의 성향의 튀르키예인들도 아직 스스로를 이슬람교

도로 여긴다. 비록 규칙적으로 이슬람교 사원에 다니지는 않고 이슬람의 5대 기둥을 지키지는 않더라도 말이다. 그들은 할례 같은 여러 가지 관습을 따른다. 그리고 라마단 기간에 금식을 하고 특별한 음식을 먹을 것이다. 이것은 어느 정도 사회적 연대감에서 비롯된 현상이다. 종교 축제와 신앙은 튀르키예인이 매우 중시하는 사회생활에 통일성과 체계를 부여한다.

튀르키예는 다양성의 나라이다. 튀르키예에는 여행과 쇼핑을 즐기고 다른 문화에 관해 배우고 새로운 사상을 실천하고 싶어 하는 현대주의자들이나 세속주의자들이 있다. 그리고 매우 전통적이고 독실한 모습을 보여주려는 사람들도 있다. 여성들은 머리쓰개를 착용하고, 남성들은 턱수염을 기르며 염주를 들고 다닌다. 줄 하나에는 33개의 염주 알이 있다. 원래는 엄지손가락으로 염주 알을 하나씩 돌리는 것을 세 번 되풀이하면서 알라의 99개 이름을 외웠다. 그런데 실제로 많은 남성들은 마음을 가라앉히는 용도로 염주 알을 그냥 만지작거린다. 이것은 정통 이슬람교의 가르침과 일치하지 않는다. 오히려 문화적 관습에서 비롯된 것이다. 튀르키예 문화에는 이와 비슷한 사례가 많고, 그 가운데 일부는 이슬람교와 튀르키예인의 유목민 조상들이 믿었던 민속 종교나 무속 신앙이 융합된 것이다.

경제적·종교적 지위에 따라 다르지만 미신에 상당히 집착하는 사람도 있다. 악마의 눈은 여러 가지 불행의 주요 원인으로 간주된다. 그런데 악마의 눈은 여기저기서 쉽게 찾아볼 수 있다. 악마의 눈에 맞서려고 만든 청색과 백색으로 된 구슬 역시 악마의 눈 모양이기 때문이다(악마의 눈을 불길하게 여기지만 오히려 구슬로 악마의 눈을 만들어 집안 곳곳에 걸어두거나 몸에 지니고 다님으로써 다른 불행을 막으려는 의도-옮긴이). 튀르키예인들이 보기에 푸른 눈은 악마의 눈을 물리치는 자연스러운 수단이다.

이슬람교도들은 진을 살아 있는 정령이나 영귀靈鬼로 여긴다. 진은 언제나 인간 주변에 존재하지만, 눈에 보이지 않는다. 선한 진도 있고 악한 진도 있다. 나쁜 진은 질병이나 정신이상이나 죽음을 불러올 수 있다. 대다수 튀르키예인들은 진을 두려워하고 심각하게 여긴다. 일반적으로 아기를 칭찬하는 것은 잘못된 행동으로 평가된다. 튀르키예인들은 일부러 아기가 못생겼다고 말하거나 아기를 '사틀므쉬(팔렸네)'라고 부른다. 그래야 진이 아기를 훔쳐가거나 아기에게 질병을 퍼트리지 않기 때문이다. 지나친 칭찬은 사악한 진이 착한 사람에게 눈길을 돌리고 질투를 느껴 그 사람을 해치게 되는 원인으로 통한다.

'마샬라'라는 표현은 악마의 눈을 물리칠 때 쓰이며, 흔히 상대방을 칭찬한 뒤에 덧붙이는 말이다.

사람들은 성자^{聖者}의 무덤에서 미래의 행운을 빈다. 무덤마다 풍작, 임신, 치유, 배우자 찾기 같은 다양한 소망에 대한 효험이 다르다고 한다. 통상적으로 튀르키예인이 성자의 무덤을 찾을 때는 맹세를 하고 신과 일종의 계약을 맺는다. 만일 기도의 내용이 실현되면 신에게 응분의 보답을 할 것이다. 제단이나 무덤 같은 성지에서 튀르키예인들은 옷감 한 줄이나 한 조각을 성스러운 나무에 매달아 소원을 빈다.

거리 카페의 창문에는 다음과 같은 광고가 붙어 있을 것이다. "커피 점 칩니다." 튀르키예인들은 점성술사나 집시가 커피 찌꺼기나 토끼로 점치는 길흉 판단에 관심이 있다. 거리에는 토끼를 데리고 있는 남자가 눈에 띌 것이다. 남자에게 돈을 주면 토끼가 쪽지 하나를 골라줄 것이고, 그 쪽지에는 여러분의 미래가 담겨 있을 것이다.

튀르키예인들은 행운을 빌 때 탁자를 두드리면서 "쪽" 소리를 내거나 귓불을 잡아당긴다. 탁자를 두드리는 것은 서양의 '나무 두드리기'^{knock on wood}(우려하는 일이 벌어지지 않도록 혹은 행운을 빌고자 나무로 만들어진 물건을 두드리는 서양의 미신-옮긴이)와 비슷한 미신이고, 일반적으로 미래에 대한 긍정적 진술이나 희망 뒤에 덧붙이는 행동이다. '인샬라'(신의 뜻 대로) 같은 표현은 운명의 유혹을 피하기 위해 쓰인다.

많은 튀르키예인들은 저주를 두려워한다. 심지어 길거리의 거지가 적선을 하지 않는다는 이유로 행인에게 저주를 내릴 수도 있다. 튀르키예인들은 평생 동안 원한을 품을 수 있기 때문에 자신을 화나게 하는 사람에게 저주를 거는 경우도 있다. 호자는 이 분야에 능숙한 이슬람교 주술사로, 누군가가 여러분에게 내린 저주를 풀기도 한다.

코란은 집안의 높은 선반 위에 놓여 있으며 재앙을 막는 액막이 역할을 한다. 예를 들어 군인이 코란을 갖고 다니면 싸움터에서 총알을 맞지 않을 것이라고 믿는다. 여성들은 코란의 구절이 새겨진 종이를 환자의 옷이 접힌 부분에 바늘로 꿰매어 붙여 쾌유를 빈다. 튀르키예인은 여행을 앞두고 걱정이 될 때, 혹은 잠자리에 들면서 악마를 쫓고 싶을 때 코란의 첫 번째 구절인 비스밀라흐Bismillah를 암송할 것이다. "가장 자비롭고 자애로우신 알라의 이름으로"라는 뜻인 '비스밀라흐'는 흔히 집, 상점, 사무실, 식당 등에도 걸려 있다.

건물 완공식이나 상점 개업식 같은 행사에는 축복의 의미에서 동물을 제물로 바치는 경우도 가끔 있다.

튀르키예에서 꿈은 미래를 예언하는 데 무척 중요한 요소로 통한다. 해몽에 타고난 재주가 있는 사람들이 있다. 만약 누군가의 꿈이 길몽 같은데 실제로 좋은 일이 생기면, 행운을 누린 사람은 그 꿈을 꾼 사람에게 작은 선물을 주면서 보답할 것이다. 어떤 사람이 친구에게 "어젯밤 꿈에 네가 나왔어"라고 말하면서 꿈의 내용에 주목하는 것은 드문 일이 아니다.

키스메트kismet 개념은 튀르키예인의 삶에서 중요한 역할을 차지한다. 키스메트는 튀르키예인들이 '신의 명령'으로 부르는 운명과 숙명에 대한 믿음이다. 다시 말해 어떤 사람의 개인적 욕구, 우정, 결혼, 재난, 사고 같은 모든 것이 미리 결정되어 있다는 믿음이다. 이런 사고방식 때문에 가끔 튀르키예인들은 삶을 주도하고 미래를 계획하는 데 서툰 경우가 있다. 또한 운명을 그대로 받아들이는 경향도 있다.

튀르키예 사회의 각기 다른 부분이 운명론에 젖어 있는 정도를 엿볼 수 있는 대조적인 속담이 두 가지가 있다. 첫 번째 속담은 다음과 같다. "오늘은 음식을 구했고 오늘은 음식을 먹을 것이다. 내일은? 아, 신은 위대하다." 이 속담에는 인간의 모든 업적은 신의 은총을 통해서만 가능하다는 믿음이 반영되어 있다. 두 번째 속담은 다음과 같다. "우선 낙타를 나무에 묶어두고 나서 신에게 낙타를 지켜달라고 기도하라." 이 속담은 궁극적으로 축복은 신이 내리는 것이기는 해도 신은 인간이 나름의 몫을 다하기를 바란다는 뜻이다.

인기 있는 나자르 부적은 악마의 눈을 물리치는 효과가 있다고 한다.

04

친구 사귀기

언제든지 들르라는 튀르키예인 친구의 제안을 받을 때 그것이 진심이라는 점을 알아차리고, 말그대로 받아들여야 한다. 튀르키예인 친구는 여러분이 뜸을 들이면서 정식 초대를 기다리기만 한다면 언짢아할 것이다. 반대로 튀르키예인 친구는 여러분이 거의 예상하지 못할 때 여러분의 거처를 방문할지 모른다.

튀르키예인의 특성

방문객들은 튀르키예인들이 매우 사교적이고, 무척 친절하다는 점을 금세 알아차릴 것이다. 튀르키예인들은 여러분을 아주 따뜻하게 대할 것이다. 특히 여러분이 혼자 튀르키예를 방문한 경우라면 더욱 그럴 것이다. 튀르키예에서는 "많을수록 더 즐겁다"라는 것이 불변의 가치이다. 그리고 대체로 튀르키예인들은 혼자보다 무리를 이뤄 함께 무언가를 하는 편을 더 좋아한다. 사실, 그들은 혼자 시간을 보내고 싶어하거나 남에게 의지하지 않으려고 하는 사람을 잘 이해하지 못할 수 있다. 따라서 여러분이 알게 된 튀르키예인들은 여러분을 돌봐주고 여러분이 외로움을 타지 않도록 해주려고 애쓸 것이다.

하지만 튀르키예에서 친구를 사귀는 문제와 관련해 반드시 알아둘 점은, 여러분이 느끼는 친밀한 온정과 넉넉한 인심을 진짜 우정으로 오해하지 말아야 한다는 사실이다. 진짜 우정을 맺는 데는 시간이 필요한 법이다. 튀르키예에서 의미 있는 우정이란 헌신과 의리와 진정한 관심을 의미한다. 튀르키예인들은 친구와 자주 만나고, 친구의 안부와 그 가족들의 안부를 묻기 마련이다. 튀르키예에서의 사생활 개념은 서양과 크게 다르다. 예를 들어 몸이 아픈 튀르키예인 친구는 여러분이 의사의 진찰 내용이나 몸 상태에 대해 상세히 물을 것으로 생각하곤 한다. 만약 여러분이 그런 질문을 던지지 않으면 여러분을 무심한 사람으로 여길 것이다. 튀르키예에서는 미사여구가 흔히 쓰이고 중시된다. 따라서 "네가 정말 보고 싶었어." 같은 표현을 듣게 될 것이고, 여러분도 써야 한다.

튀르키예인들은 조국과 조국의 역사를 무척 자랑스러워한다. 세속주의 성향의 튀르키예인들은 아타튀르크의 개혁에 대한 자부심이 매우 강하다. 튀르키예인들은 여러분을 역사 유적지로 안내할 것이고, 유럽처럼 튀르키예에도 온갖 편의시설이 있다는 점을 보여주고자 현대적인 시설을 갖춘 장소에도 데려갈 것이다. 이때 방문객은 비교에 유의해야 한다. 왜냐하면 튀르키예인들은 비판에 민감하기 때문이다. 만약 튀르키예인의 세계관을, 그리고 수치심, 명예, 충성심, 통일성 같은 핵심 가치를 기억한다면 튀르키예인의 행동 이면에 담긴 깊은 의미를 알아챌 수 있을 것이다.

튀르키예인들은 방문객을 즐겁게 머물게 해야 한다는 개인적 책임감을 느낀다. 그들은 여러분이 실망하지 않기를 바라고, 여러분을 위해 여러 가지 나들이 계획을 세울지도 모른다.

여러분이 즐거워하지 않는 것 같으면 그들은 여러분이 멋진 경험을 할 수 있도록 더더욱 노력할 것이다. 그러므로 여러분이 즐거운 시간을 보내고 있다는 점을 적극적으로 표현하는 게 좋다!

인사

소개와 인사는 아주 중요하다. 일정한 양식이 있다. 일반적으로 남자는 남자끼리 여자는 여자끼리 서로의 양쪽 볼에 입맞

춤하면서 인사한다. 오랫동안 알고 지낸 사업가들끼리도 보통 이렇게 인사한다. 남자가 여자에게 인사하는 적절한 방법은 목례이다. 혹은 상대방의 손을 슬쩍 잡는 '죽은 물고기' 악수^{dead fish handshake}(죽은 물고기처럼 힘이 없는 악수-옮긴이)도 한 방법이다. 간혹 젊은 사람들은 연장자에 대한 존경의 표시로 상대방의 손에 입을 맞춘 뒤 자기 이마에 갖다 댈 수도 있다.

누군가를 처음 소개받을 때 여러분은 "멤눈 올둠^{Memnun oldum}(만나서 반갑습니다)"이라고 대답해야 한다. 회의실이나 누군가의 집에 들어가거나 여러 사람이 자리 잡은 식탁에 앉을 때는 아는 사람에게만 인사하지 말고 거기 있는 모든 사람에게 골고루 인사하는 것이 중요하다. 그리고 이때 모든 사람과 악수를 나누는 것이 좋다. 연장자나 상급자가 나중에 들어오면 자리에서 일어나는 것이 예의에 맞다. 핵심 문구를 배워둘 필요가 있다. 여러분이 들어갈 때 사람들은 "호쉬 겔디니즈^{Hoş geldiniz}(어서 오세요)"라고 말할 것이다. 이때 여러분은 "호쉬 불둑^{Hoş bulduk}(여기 오게 되어 기쁩니다)"라고 대답해야 한다. 현대 튀르키예에서의 대다수 생활 분야에서 그렇듯이 종교적 성향의 사람들과 세속적 성향의 사람들은 서로 다르게 행동한다. 종교적 성향의 튀르키예인 친구는 여러분에게 "셀람 알레이쿰^{Selam}

aleyküm(신의 평화가 함께하기를)"이라며 인사할 가능성이 더 높다. 이때 여러분은 "알레이큄 셀람Aleyküm selam(그대에게도 함께하기를)"이라고 대답하면 된다.

외국인에 대한 태도

튀르키예인들은 이방인을 정중하게 대한다. 그들은 친절한 사람들이다. 튀르키예에는 방문객에 관한 표현이 있다. "타느르 미사피리Tanrı misafiri"('신의 손님'이라는 뜻으로 방문객을 신이 보낸 사절인 것처럼 돌봐야 한다는 취지의 말), "손님은 열 가지 축복과 함께 오고, 그중 하나를 먹고 아홉을 남긴다"와 "집의 주인은 손님의 하인이다"는 이런 태도가 반영된 속담이다. 튀르키예에서 외국인 손님은 왕 같은 대접을 경험하게 될 것이다.

튀르키예 사회에서 상대적으로 부유한 계층에 속한 사람들은 해외여행을 떠날 것이고, 심지어 교육이나 사업 목적으로 해외에서 살 수도 있다. 나머지 튀르키예인들은 할리우드 영화, 튀르키예 텔레비전에 방송되는 외국 연속극, 관광객과의 만남 따위를 통해 외국인을 본다. 따라서 그들은 해외에서의 삶이 어떤지, 그리고 외국인이 어떤 사람들인지에 관한 선택적 견해를 갖게 된다. 교육 수준이 낮은 다수의 하층민들은 유럽과 미국의 길거리가 황금으로 포장된 듯한 인상을 받기 때문에 그곳으로 이민을 떠나고 싶어 한다.

전반적으로 튀르키예인들은 해외생활이 튀르키예에서의 삶보다 더 나을 것으로 생각하지만, 국민적 자부심 때문에 그 점을 쉽사리 인정하지 않으려고 할 것이다. 흔히 유럽인과 미국인은 교육 수준이 높고, 훌륭한 기업윤리를 갖고 있으며, 발빠르게 계획을 세운다고 평가된다. 하지만 그들은 개인주의와 경쟁 같은 부정적 특성을 드러내고, 냉담하거나 냉정하다고 치부되기도 한다.

튀르키예에는 외국 기업과의 제휴를 간절히 바라는 회사가 많다. 외국 기업이 경영 관행이나 전문 지식을 통해 새로운 노하우를 소개해줄 것으로 기대하기 때문이다. 외국 기업과 제휴를 맺은 튀르키예 기업은 유통 분야에서 전문 지식을 발휘할 것이고, 국내의 규제에 익숙하고 현지의 연줄을 보유하고 있을 것이다. 튀르키예에서 가장 성공한 회사 중 일부는 바로 이와 같은 합작회사들이다.

그러나 일부 극단적인 민족주의자들은 외국 상품이나 외국

회사가 튀르키예에 있을 필요 없다고 생각한다. 어떤 문제가 발생할 경우 '외세의 도발'에 비난이 쏟아질 때가 많다.

클럽에 가입하기

튀르키예에는 사업가들이 가입할 수 있는 클럽과 협회가 많다. 튀르키예를 대표하고 튀르키예인들이 운영하는 국제클럽으로는 로타리클럽과 라이온스클럽이 있다. 이 두 클럽 모두 자선사업에 무척 적극적이다. 대부분의 대도시에는 미국여성협회American Women's Association와 이스탄불국제여성회International Women of Istanbul처럼 튀르키예 거주 외국인을 위한 지원 단체와 사회 연결망의 역할을 수행하는 협회가 있다.

스포츠클럽과 일반 동호회도 인기 있다. 골프장과 컨트리클럽은 비교적 드물고 특정 계층에 한정되어 있다. 특별한 관심이 있는 사람에게는 페이스북과 인스타그램이 현지의 골프장과 컨트리클럽에 관한 정보를 얻어 직접 문의해볼 수 있는 훌륭한 수단이 될 것이다.

자택 초대

튀르키예인들은 손님 접대를 잘한다. 초대를 받으면 항상 초대에 응하기 바란다. 거절은 무례로 비춰진다. 외국인 손님은 튀르키예의 다양한 관습에 놀랄 수 있고, 혹시 실수를 저지를까 봐 걱정할지도 모른다. 남들이 어떻게 하는지 살펴보면서 그대로 따라 하기 바란다. 만약 다른 사람들이 현관에서 신발을 벗으면 여러분도 그렇게 해야 한다. 실내화가 놓여 있을 것이다.

서로 맞대어 오므린 여러분의 양손에는 상쾌한 느낌의 향수가 살짝 뿌려질 것이다. 향수로 양손을 비벼 닦고, 목 뒷부분을 문지르면 된다.

2대나 3대가 한 지붕 아래에서 함께 살 수도 있다. 그렇게 많은 식구들을 처음 만나게 되면 깜짝 놀랄 수 있겠지만, 방안에 있는 모든 사람에게 인사해야 한다. 여러분이 방안에 앉아 있는데 다른 손님이 들어오면 일어나서 인사하기 바란다.

안주인은 모든 사람이 편안한 시간을 보내도록 세심하게 배려할 것이다. 저녁 식사는 늦게 시작될 수 있다. 보통은 저녁 8시에 시작된다. 손님은 도착해도 곧장 식사를 하지는 않는다. 일반적으로 손님은 식사 시간보다 일찍 도착하고, 잠시 앉아

서 집주인과 먼저 이야기를 나누다가 식사를 한다.

식사 도중에 안주인은 여러분의 시중을 들고 싶어 하며 요리를 여러분의 접시에 담아주려고 할 것이다. 여러분이 직접 요리를 접시에 담지 말기 바란다. 식사를 시작할 때 튀르키예인들은 서로에게 "아피예트 올순Afiyet olsun(많이 드세요)"이라고 말한다. 요리를 만든 사람에게 쓰는 특별한 표현은 다음과 같다. "엘리니제 사을릑Elinize sağlık(당신의 손이 무탈하기를)" 접시에 있는 음식을 모두 먹으면 여주인은 음식을 더 권할 것이다. 튀르키예의 집주인들은 최선을 다해 푸짐하고 맛있는 식사를 대접하고자 한다. 따라서 거절해도 여주인은 더 먹으라고 몇 번씩 재촉할 수도 있다. 만약 배가 충분히 부르면 여주인의 음식 솜씨를 칭찬하면서 거절해도 된다. 오른쪽 손바닥을 가슴에 대는 동작은 감사의 마음을 표현하는 동시에 배가 불러 더 먹을 생각이 없다는 뜻을 알리는 공손한 방법이다. 상황에 따라 여주인은 식탁에 앉지 않은 채 식사 시간 내내 시중만 들 수도 있다. 집주인에게 어린 자녀가 있는 경우 늦은 시간까지 자지 않고 있어도 놀랄 필요가 없다.

저녁 식사가 끝났을 때 너무 늦은 시간 같아도 곧장 자리에서 일어나지는 말아야 한다. 식사 후에도 참석자들과 함께 어울리는 자세가 중요하다. 그 뒤에 시간이 흘러 밤으로 접어들 무렵에도 자리에서 일어나 작별인사를 하지는 말아야 한다. 곧 가봐야 할 것 같다는 몇 가지 암시를 주면서 슬슬 시동을 걸기 바란다. 주인에게 양해를 구하는 과정이다. 잠시 뒤에 다시 돌아가야 한다는 의사를 넌지시 밝힌다. 집주인은 더 있다가 가라고 할 것이다. 돌아갈 채비를 하고 있을 때 집주인은 여러분의 외투를 챙겨주려고 할 것이다. 신발은 현관 옆 복도나 현관 밖에 놓여 있을 것이다.

손님인 여러분은 존중받을 자격이 있다. 여러분은 특별한 부류로서 후한 대접과 극진한 시중을 받을 것이다. 초대한 사람은 음식을 푸짐하게 차릴 것이다(푸짐하지 않은 식탁을 실례로 여길 것이다). 각자 음식을 가져와 함께 먹는 저녁 식사는 결코 튀르키예식 식사가 아니다! 여러분이 커피를 마시려고 잠시 들른 상황에서도 집주인은 여러 가지 달콤한 음식과 짭짤한 음식을 내놓을 것이다. 언제든지 들르라는 튀르키예인 친구의 제안을 받을 때 그것이 진심이라는 점을 알아차리고, 말 그대로 받아들여야 한다. 튀르키예인 친구는 여러분이 뜸을 들이면서 정식 초대를 기다리기만 한다면 언짢아할 것이다. 반대로 튀르키예인 친구는 여러분이 거의 예상하지 못할 때 여러분의 거처를 방문할지 모른다.

선물

누군가의 집을 방문할 때는 꽃이나 초콜릿 같은 작은 선물을 갖고 가면 좋다. 선물은 항상 포장지로 싸거나 비닐봉투에 넣어 가야 한다. 선물은 보통 집주인에게 직접 건네지 말아야 한다. 그냥 현관의 복도나 탁자 위에 놓아두면 된다.

집주인 소유의 물건을 칭찬하지 않도록 조심하기 바란다. 집주인이 자칫 그 물건을 선물로 줄 수도 있기 때문이다. 그림이나 꽃병 같은 집주인의 소유물을 높이 평가하면 그것을 달라는 부탁으로 오해할 수 있다.

아파트 단지에 거주하는 사람들은 빵 굽는 날에 흔히 음식을 이웃에게 나눠준다. 또한 새로 이사를 오는 사람에게 주민들이 환영의 의미로 음식을 줄 수도 있다. 이웃들이 음식을 주면 반드시 받아야 한다. 그런데 나중에 빈 접시를 돌려주면 곤란하다. 꼭 음식을 담아서 돌려주기 바란다.

예의범절

사교적 맥락에서는 연령이 중시된다. 튀르키예인들은 노인에게 가장 편한 좌석을 제공하고, 텔레비전 프로그램이나 음악의 선택권을 양보한다. 그리고 노인의 의견에 반대하지 않고 경청함으로써 존경의 뜻을 표시한다.

튀르키예에서는 설령 틀린 말이라도 누군가의 말에 끼어드는 행동을 무척 버릇없는 짓으로 여긴다. 경청은 존경의 표시이다. 누군가가 말을 할 때 지루해하거나 눈길을 돌리거나 서류를 살펴보거나 시간을 확인하는 것은 무례한 행동이다. 그것은 결례일 뿐 아니라 말을 하는 사람에 대한 모욕이다.

대화 중에는, 자기 의견을 밝히지 않고 그저 고개를 끄덕이며 상대방 말을 듣고 있다는 신호를 보내는 편이 더 현명할 수도 있다. 익숙하지 않은 상황이겠지만, 튀르키예라는 국가나 연장자나 집주인을 비판하는 것은 예의에 어긋난다. 의견이 다르거나 이의가 있을 때는 말을 하지 않는 편이 상책인 경우가 많다. 손님으로서 굳이 튀르키예인들의 보편적 역사관을 교정하려들지 말기 바란다. 마찬가지로 쿠르드인과 아르메니아인 문제 같은 특정한 정치적 쟁점도 피해야 한다.

05

가정생활

튀르키예인들은 외출할 때와 손님을 맞이할 때 늘 멋지게 차려입는다. 이슬람교를 믿는 보수적인 여성들도 패션을 의식한다. 짜임새, 디자인, 머리쓰개 묶는 법 따위를 다루는 '규칙'이 있고, 많은 여성들은 긴 겉옷에 유명 디자이너 상표의 바지를 받쳐 입는다. 그들의 패션 감각은 서로 다른 조건 속에서 나름의 출구를 찾는다.

튀르키예의 사회 구조는 오스만 제국의 이슬람교적 가치와 현대 공화국의 세속적 가치가 융합된 상태로 볼 수 있다. 서로 다른, 심지어 적대적인 두 가지 문화는 지금까지 대체로 상호통합을 이루고 있었다. 튀르키예가 더 양극단으로 나뉘고, 문화 차이와 문화 충돌까지 일어난 것은 비교적 최근의 일이다.

지난 반세기 동안 진행된 농촌에서 도시로의 인구 이동은 가족 구조에 큰 변화를 일으킨 의미심장한 사태였다.

가족

가족의 중요성은 튀르키예어에 가족 관계를 가리키는 특별한 어휘가 있다는 사실에서 엿볼 수 있다. 어떤 가족의 구성원이 부계혈통에 속하는지 모계 혈통에 속하는지, 혹은 그 사람이 상대적으로 나이가 많은 형제자매인지 아니면 나이가 적은 형제자매인지를 알려주는 특정한 단어가 있다.

대개의 경우 상대적으로 가난하거나 교육 수준이 낮거나 종교적 성향이 강한 사람들 사이에서는 남자가 여자보다 우대를 받을 것이다. 여자는 남자형제를 존중할 것이다. 심지어 자기보다 어린 남동생도 존중할 것이다.

가족 구성원들은 약한 식구와 나이 든 식구를 돌봐야 한다. 가족은 보통 부부와 자녀로 구성되고, 거기에 연로한 부모와 미혼인 형제나 자매가 추가될 수도 있다.

각자의 거주지가 어디인가와 무관하게 가족 구성원 모두 일정한 책임이 있고, 가족의 공동 이익을 위해 노력한다. 가족의 공동 이익에는 신체적 보호, 경제적 지원, 가족의 평판 관리 등이 포함된다.

튀르키예에서는 개인주의가 장려되지 않는다. 집단 개념이 강하다. 집단에 속하면 다른 구성원에 대한 책임이 생긴다. 튀르키예에는 이런 속담이 있다. "고아는 보살피고, 배고픈 자는 먹이고, 싸움은 말려라." 이와 비슷한 맥락에서 집단적 시각이 강조된다. 사람들은 개인적 차원에서 결정을 내리려고 하지 않는다. 사소한 일도 마찬가지이다. 한 무리의 튀르키예인들에게 무엇을 먹고 싶은지 물으면 대부분 선뜻 자기 생각을 밝히기를 주저할 것이다. 그들은 나머지 사람들이 듣고 싶어 할 듯한 답을 내놓으려고 할 것이다. 튀르키예인은 집단의 유대감을 해치지 않는 선에서만 새로운 생각을 받아들인다.

이스탄불 거리의 연립주택

생활 조건

튀르키예의, 특히 도시 지역의 주거 형태는 대부분 아파트이다. 최근에는 출입제한 주택 단지가 건설되고 있고, 인기도 높다. 대가족은 같은 건물의 아파트를 따로 구입하는 경우가 많다. 튀르키예 국민의 상당수가 아파트를 세놓는다. 도시와 농촌에서는 소형 주택들이 차츰 사라지고 그 자리를 아파트 단지가 채우고 있다. 튀르키예에서 농사의 개념은 미국이나 유럽과 다르다. 외딴 곳의 농가에 거주하기보다는 튀르키예 농부들은 마을을 이루고 살면서 매일 들판으로 나가 일한다.

튀르키예인은 방문객에게 좋은 인상을 주는 것을 중시한다. 튀르키예 가정에는 격식을 갖춘 방이 따로 있기 마련이다. 격식을 갖춘 방은 손님 접대용으로 항상 깨끗하고 정갈하게 관리되고, 손님이 없어 쓰이지 않을 때는 가구와 비품에 덮개를 씌워둔다. 그리고 보통은 손님이 아닌 식구들이 쓰는 방에서 생활한다.

발코니는 특히 여름에 필요한 시설이다. 발코니는 오락과 휴식을 위한 장소이다. 긴 여름철 저녁에 식구들은 발코니에서 음식을 먹고 밤공기를 마시면서 이야기를 나누고 휴식을 취한다. 신축 건물에서 엿보이는 최근의 추세는 개방형 발코니가 없다는 점이다. 이런 현상이 나타나는 한 가지 이유는 냉난방 설비와 대형 가전제품의 등장 때문이다.

튀르키예에는 전반적으로 이웃 간의 정이 깊다. 튀르키예의 아파트 주민들은 새로 이사 온 사람을 환대한다. 흔히 주부들은 매주 각자의 집을 돌아가면서 낮에 차를 마시며 만날 것이다. 아파트 건물에는 카프즈, 즉 수위가 있다. 카프즈는 관리인 역할을 하고, 날마다 주민들을 위해 신문과 빵을 구입하고 쓰레기를 처리하는 일을 한다. 카프즈는 아파트 건물 지하실의 작은 거처에서 가족과 함께 사는 경우가 많다. 그리고 입주자들이 매월 납부하는 관리비로 충당하는 약간의 봉급을 받는다.

【가구와 가전제품】

농촌 가정의 세간은 양탄자, 소파, 방석 같은 매우 기본적인 비품이다. 방에는 커다란 찬장과 도자기 그릇장이 있을 것이다. 모든 가정에 텔레비전 수상기가 있을 것이다. 도시 가정은 서구적인 분위기를 풍길 것이다. 격식을 갖춘 거실에는 침실과 욕실이 붙어 있는 멋진 방이 있고, 바닥 전체에 깔아놓은 양탄자나 바닥 일부에 깔아놓은 아름다운 양탄자도 보일 것이다. 1980년대 초반부터 튀르키예 시장은 가전제품으로 넘쳐나고 있다.

일상생활과 일과

튀르키예 사회는 급격한 변화를 겪고 있다. 자율성과 권리의 측면에서 여성의 지위 향상을 둘러싼 상당한 진전이 있었고, 여성은 높은 교육 수준과 취업률에 힘입어 점점 더 독자성을 확보하고 있다.

전통적으로 일상생활에서 남성은 가정 밖의 세계에서 활동한다. 남성은 보호자이고, 여성은 남성의 권위에 복종한다. 여성의 역할은 가족을 돌보는 것이다. 오늘날의 튀르키예인들은 이 같은 남녀의 역할 분담을 "외무부 장관"과 "내무부 장관"이라는 농담조의 표현으로 풀이한다.

농촌의 경우 여성의 세계는 자녀, 식구, 그리고 살림 솜씨에 대한 자부심 등으로 구성된다. 하지만 도시 중상류층의 경우 여성들은 공적 영역에서 더 적극적으로 활동한다. 대도시의 높은 생활비 때문에 일하러 나가는 여성들이 점점 늘어나고 있다. 자녀에게 사교육을 비롯한 여러 가지 기회를 주고자 하는 가정은 특히 그럴 것이다. 결과적으로 여성들은 시야가 넓어지고 경제적 자립심이 생기며 기대치가 바뀐다.

전문직 여성이나 직장 여성은 가정과 직장 모두를 자랑스럽게 여긴다. 교양 있는 중산층 여성들은 의사결정, 배우자 선택, 가족 규모 등에 대한 발언권이 세졌고, 경제적 독자성이 커졌으며, 공적 영역에서 더 능동적으로 활약하고 있다. 원숙함과 지혜를 보여주는 여성들은 공적 부문에서도 존중된다.

가정의 명예는 집의 외관에 반영되어 있다. 집 안팎은 청결하게 관리된다. 창문은 적어도 매주 한 번 청소하고, 심지어 매일 청소하는 경우도 있다. 대체로, 남자들과 사내아이들은 집안일을 돕지 않는다.

오늘날의 튀르키예 여성은 매주 슈퍼마켓에서 쇼핑을 할 수도 있지만, 일주일마다 열리는 시장에서 신선한 과일과 채소를 구입하는 일도 잊지 않을 것이다. 시장은 도시의 각기 다른 장소에서 서로 다른 날짜에 열리고, 여러 주택가의 도로가 시장 진열대와 천막 때문에 막힌다. 여기저기에 있는 바칼이라는 작은 식료 잡화점이나 소형 슈퍼마켓에서는 일용품을 판다. 바칼은 보통 오후 9시나 10시까지 영업한다. 예를 들어 여

여기저기 슈퍼마켓이 있지만, 아직 시장에서 신선한 과일과 채소를 사는 사람들이 많다.

러분이 1층에 식료 잡화점이 딸린 건물의 2층이나 3층에 산다고 가정해보자. 이때 독특한 배달 방식이 작동한다. 창문에서 긴 밧줄에 바구니를 매달아 필요한 상품을 적은 쪽지와 함께 내려 보내면 상점 주인이나 점원은 여러분이 원하는 물건을 바구니에 담아줄 것이다. 이제 바구니를 다시 끌어올리면 된다. 장보기 끝!

최근 몇 년 사이에, 인터넷으로 식료품을 구매하는 방식이 큰 인기를 끌게 되었고, 요즘의 대다수 슈퍼마켓 체인점은 온라인 주문을 받는다. 한편 2015년에 이스탄불에서 창업해 미국과 서유럽 각국까지 진출한 게티르Getir 같은 배달업체들은 생필품의 신속한 배달을 기치로 내건다.

도시생활

편의시설을 충분히 갖춘 튀르키예의 도시는 세련된 중산층의 본거지이다. 튀르키예의 도시들은 편의시설을 완비한 세련된 중심지이지만, 그간의 급속한 도시화 때문에 광범위한 인구통계학적 변화와 개발 관련 부작용이 초래되었다.

대도시의 중심부 주변에는 게제콘두로 불리는 빈민 거주 구역이 있다. 게제콘두는 '밤에 지은'이라는 뜻의 튀르키예어이다. 이 빈민가는 원래 이주자들에 의해 조성되었고, 그들 중 다수는 지금까지 몇 년 동안 이곳에 살고 있다. 이 구역을 처음 찾은 방문객들은 제대로 마무리가 되지 않은 모습에 한마디씩 한다. 이주자들은 여기 도착한 뒤 사방으로 간단한 벽을 세우고 지붕을 단다. 그러다가 돈이 생기면 한 층을 더 올리고, 그 덕분에 농촌의 친척들이 또 합류할 수 있게 된다. 지역 당국은 점진적으로 가스, 전기, 수도 등을 연결해주고 도로도 만들어 준다.

오늘날 이들 빈민 거주 구역 중 여러 곳이 점차 철거되고 새로운 도로와 고층건물에 밀려나고 있다. 빈민 거주 구역이 없어진 자리에는 값비싼 민간 주택단지나 정부가 지원하는 저렴한 주택단지가 들어서기도 한다.

농촌생활

시골 마을에서의 생활은 힘들다. 농촌에는 빈곤이 광범위하게 퍼져 있다. 농촌생활은 남성들이 좌우하는 세계이지만, 집안 뿐 아니라 집밖에서의 여러 가지 힘든 일을 여성들이 도맡아 한다. 농촌생활은 대체로 봉건적인 성격을 띤다. 지주는 마을 과 지역을 장악한다. 일꾼을 고용하는 부자 한 사람이 여러 개 의 농장을 소유한다. 튀르키예는 충분히 자급자족할 수 있는 나라이다.

튀르키예는 식량을 자급할 뿐 아니라 이웃나라에 수출도 한다. 농촌 지역은 가난하고 농업 기술이 부족하다. 농업의 발 전 및 성장의 실질적 잠재력이 있지만, 관리 부실과 토호들의 심기를 건드릴지 모른다는 두려움 때문에 이를 발휘하지 못하 고 있다.

농촌 가정에는 자녀가 여럿 있기 마련이고, 자녀들은 어른 이 되면 일자리와 교육 기회가 더 많은 도시로 떠난다. 그러나 튀르키예인들은 평생 고향 마을과의 유대를 이어간다(더 상세한 내용은 2장에 나오는 멤레케트 개념을 참고하기 바란다).

각 마을은 구성원끼리 굳게 뭉친 사회이고, 대체로 농촌 마 을 주민들은 외부인을 친절하고 호의적인 태도로 대한다. 교통 일정 때문에 주민의 집에서 하룻밤 묵어야 할 때도 있을 것이 다. 얼마나 머물지는 손님의 선택에 달렸고, 선량한 집주인이라면 손님에게 "얼마나 오래 머물 생각인지요?"라고 묻지는 않을 것이다.

아이들

튀르키예인들은 아이들을 사랑한다. 어른들이 귀여운 아이의 볼을 살짝 꼬집는 것은 사랑의 표시이다. 사람들은 지나가는 아이의 모습을 지켜보기 위해 가던 길을 멈춘다. 심지어 씩씩한 10대 소년들도 아기 앞에서 호들갑을 떨 것이다.

아이들에게는 엄격한 일과가 적용되지 않는다. 아이들은 밤늦게까지 깨어 있고, 어른들은 아이들을 어디든 데려간다. 튀르키예인에게는 엄마와 아빠가 아이를 집에 두고 외출할 수 있도록 도와주는 보모 개념이 생소하다. 튀르키예인들은 자녀를 데리고 나가기를 좋아한다. 아이들은 어디서나 환영받는다. 심지어 세련된 식당이나 호텔에서도 그렇다. 아이들은 어른에게 심한 꾸중을 듣지 않는다. 튀르키예 사회에는 아이들 스스로 이해하지 못하는 일 때문에 벌을 받지는 않아야 한다는 믿음이 있다. 비교적 나이가 든 아이들도 공개적으로 벌을 받을 가능성이 낮고, 부모를 대신해 자신보다 어린 형제자매를 돌본다. 흔히 아블라(큰누나, 큰언니)는 어린 동생들을 보살펴야 하는 특별한 책임을 기꺼이 맡으려고 한다.

오늘날의 튀르키예 도시에서는 자녀 양육에 많은 비용이 든다. 자녀에게 사교육을 비롯한 여러 가지 혜택을 주려는 중산층 가정은 아이를 하나만 낳거나 자녀들의 나이 차이가 아주 많이 나도록 하는 경향이 있다. 그러나 에르도안 총리는 인구 감소를 막기 위해 각 가정이 최소한 세 명의 자녀를 갖도록 공개적으로 촉구하면서 약간의 논란을 일으켰다.

변화하는 생활 방식

튀르키예가 소비사회로 전환함으로써 튀르키예인의 기대치도 높아졌다. 과거 10여 년 동안 튀르키예는 경제적 고속 성장을 누렸다. 호황 덕분에 세속주의 성향의 도시 상류층뿐 아니라 정의개발당의 보수적 지지자들과 농촌의 청부업자들도 이득을 봤다. 그들의 유례없는 경제적·사회적 지위 향상으로 이슬람 도시 부르주아가 형성되었다.

이 새로운 이슬람 부르주아는 쓸 돈이 있고, 그들이 돈을 쓸 기회도 점점 다양해지고 있다. 도심지에는 한층 경건한 생활 방식에 부응하는 고급 출입제한 주택 단지, 식당, 호텔 등이 갑자기 나타나고 있다.

현대화와 산업화로 튀르키예의 전통적인 남성 중심 사회가 소비자 주도의 평등 사회로 변모했다. 20~30년 전에는 도시의 중심가에서 전자제품을 구입하는 여성의 모습을 보기가 어려웠다. 그때는 전자제품이 남성만의 영역이었기 때문이다. 오늘날 전자제품은 조명이 환한 대형 쇼핑몰에서 쉽게 구할 수 있다. 그리고 요즘 대도시에는 저녁과 주말에 손님으로 북적대는 거대한 다국적 슈퍼마켓이 있다.

생활 방식의 차이는 산업화의 수준에 좌우된다. 가정에서의 주도권 유형도 산업화의 영향을 받는다. 교육 기회가 늘어나면서 자녀가 부모보다 더 많은 돈을 손쉽게 벌 수 있게 되었다. 또한 현재 30~40대 튀르키예인들은 모든 것이 부족했던 시절에 성장했다. 그들은 본인이 놓쳤던 기회를 자녀들에게 주고자 한다. 이 때문에 물질주의에 빠진 아이들이 생기는 경우가 많다.

오늘날 여성들은 집 밖에서 일하기 때문에 아이들은 보육

원이나 유치원에 다니기도 한다. 도시에서는 가족의 규모가 상대적으로 작을 것이다. 젊은 부부일수록 이동이 잦고, 친척들과 더 멀리 떨어져 살기 때문이다. 이런 점으로 인해 친척들이 같은 건물에 거주하는 사례가 줄어들고 있다. 그리고 예전보다 이웃 간의 정이 약해졌다고 볼 수도 있다.

【패션】

도시 지역에 거주하는 사람들은 패션을 무척 의식한다. 튀르키예인들은 외출할 때와 손님을 맞이할 때 늘 멋지게 차려입는다. 멋진 옷차림은 개인의 명예와 자존심의 일부분이다. 유행하는 옷과 유명 디자이너의 상표가 중시된다.

직장 여성의 봉급 가운데 태반이 의류와 화장품 구입에 지출된다. 직장 여성이 외출할 때 멋지게 보이지 않는 것은 창피한 일로 치부된다. 이슬람교를 믿는 보수적인 여성들도 패션을 의식하고, 그들의 패션 감각은 구체적인 조건 속에서 나름의 출구를 찾는다. 예컨대 짜임새, 디자인, 두건 묶는 법 따위에 관한 '규칙'이 있고, 많은 여성들은 긴 겉옷에 유명 디자이너 상표의 바지를 받쳐 입는다.

사회 전반에 걸쳐 깨끗한 구두는 중요하다. 구두는 잘 닦아서 반짝반짝 윤이나야 한다. 진흙길을 걸은 뒤에는 건물에 들어가기 전에 헝겊으로 구두를 닦아야 한다. 샌들을 신을 때는 발톱이 깔끔하고 청결해야 한다. 튀르키예 여성들은 매니큐어와 페디큐어를 즐겨 바른다.

튀르키예인들은 건강과 좋은 몸 상태의 중요성을 점점 더 깨닫고 있다. 도시에서 부자들이 많이 사는 구역에는 체육관과 미용실이 속속 들어서고 있다. 매일의 산책이나 조깅은 남녀노소를 불문하고 많은 사람들에게 일상적인 일이며 체육관과 미용실은 어디에나 있다.

가족행사

【 출산 】

지금까지 살펴봤듯이 튀르키예인들은 매우 가족 중심적이다. 튀르키예의 출생률은 높다. 그러나 요즘 도시에서는 한두 명의 자녀를 두거나 병원에서 아이를 낳으려는 사람들이 점점 많아지고 있다. 민간 병원을 이용하면 최신 기술과 적절한 조언, 그리고 출산 전의 적절한 보살핌 같은 혜택을 누릴 수 있다. 도시 여성들은 제왕절개 분만을 선호하는 편이다. 농촌 여성들은 산파와 함께 집에서 아이를 낳으려는 경향이 있다.

농촌 마을에서는 전통적으로 조부모가 아기의 이름을 결정한다. 도시의 부부들은 자녀의 이름을 직접 고르지만, 나이 많은 친척이 지어주는 이름을 받아들이면서 전통을 따를 수도 있다. 예를 들어 어떤 사람의 정식 이름이 메흐메트 젱크 아타칸이라고 치자. 아마 그 사람은 '젱크 아타칸'이나 'M. 젱크 아타칸'으로 불릴 것이다('젱크'는 부모가 고른 이름이고, '메흐메트'는 나이든 친척이 지어준 이름일 수 있다). 아기의 이름을 짓기 위한 종교의식이 열릴 수도 있다. 여기에는 아기 부모의 집에서 코란을 암송하는 이맘이 등장한다. 이맘은 코란을 읊은 뒤 아기의 귀에 속삭인다. "너의 이름은…" 의식은 이맘이 아기 부모의 집에 축복을 내리면서 마무리된다.

도시 지역에서는 아들과 딸 모두를 귀하게 여긴다. 물론 아직은 아들을 더 선호하지만 말이다. 농촌 마을에서는 아들이 훨씬 귀한 대접을 받는다. 아들은 혼인을 통해 가족의 수를 늘리는 반면 딸은 자라서 시집을 가버리기 때문이다(튀르키예에서는 여러 명의 대화 도중에 갑자기 말이 끊기면서 조용해지는 순간이 오면 누군가가 "딸이 태어났다"라고 말할 것이다. 이것은 모임의 분위기를 가라앉히는 어떤 일이 벌어졌다는 의미이다). 아기가 태어나면 가족 중 한 사람이 소총을 허공에 쏘면서 축하한다.

아이는 부모가 속한 대가족의 일원으로 등록된다. 등록 절차는 무척 세밀하다. 각 가정에는 고유의 번호가 있다. 그것은 소규모 가족 단위가 아닌 씨족을 대표하는 번호이고, 아이에게는 씨족에서의 위치를 나타내는 서수序數가 할당된다(아타튀르크 시대에는 1번이 최고 연장자였다). 20세기 후반 이전에는 출생일이 부정확하게 기록되었을 것이다. 특히 시골 지역에서는 더욱 그랬을 것이다.

아기가 태어나면 부부의 지인과 친척들이 아기에게 줄 선물을 들고 서둘러 찾아간다. 튀르키예인들은 아기가 태어나기 전에 신의 노여움을 살까 봐 물건을 많이 사지 않는 경향이 있다. 아기가 태어난 뒤 40일 동안 산모와 아기는 외출을 잘 하지 않는다.

【할례】

할례는 소년의 통과의례이다. 할례는 소년이 남자가 된다는 것을 의미한다. 하디스에서 유래하는 이 관습은 이슬람교도라는 표시 중 하나이다. 일반적으로 아들은 여덟 살 무렵에 할례를 받지만, 어떤 가족들은 할례 잔치를 따로 열 경우의 비용 때문에 두 명의 아들에게 동시에 할례를 시킨다. 할례 잔치가 열리기 일주일 전부터 소년은 마치 작고 둥근 금속 조각으로 장식한 짧은 망토, 모자, 홀[35] 따위를 갖춘 꼬마 술탄처럼 특별한 복장을 한다.

소년은 호위 차량과 요란한 경적 소리와 함께 마을 곳곳을 행진한다. 독실한 가정은 할례 직전에 무함마드에 관한 시를 읊는 순서를 넣는다. 할례 의식은 보통 흰 침대에서 공개적으로 진행된다. 소년은 장난감 권총 같은 선물을 많이 받는다.

할례 의식을 기념하는 축하 행사

부유한 사업가는 가난한 이웃집 아들이나 자기 직원의 아들을 위해 할례 잔치의 비용을 대주기도 한다.

【병역】

튀르키예에는 "최고의 군인은 우리 군인"이라는 의미의 "엔 뷔위크 아스케르 비짐 아스케르"라는 아주 유명한 문구가 있다. 만 20세 이상의 모든 남자는 12개월 동안 유급 군복무를 해야 하거나 무급으로 더 짧은 기간을 복무할 수 있다. 때때로 정부는 병역 의무자들을 대상으로 거금을 내는 대신 1개월만 복무하는 방안을 제시한다. 그러나 지난 몇십 년 동안 정세가 불안했던 남동부 지역에서 복무하게 될지 모른다는 불안감 때문에 병역 의무자들은 선뜻 정부의 제안에 응하지 않고 있다.

병역 의무자가 입대할 때 친구들은 떠들썩한 송별식을 연다. 그 순간은 또 하나의 의미심장한 통과의례이다. 모든 사병들은 한 달 동안 훈련을 받고, 학력과 기술 수준에 따라 배치된다. 고학력자는 행정직과 그 밖의 중요한 직책을 맡는다. 군대는 국민 통합을 강화한다. 그리고 공화국을 지탱하는 강력한 세속적 교훈을 홍보한다. 아울러 군대는 농촌 출신 청년들의 지식 향상과 사회성 증진을 돕기도 한다.

【결혼】

교제하는 젊은 남녀들은 대부분 무리를 지어 외출한다. 연인들은 보호자 없이는 외출하지 않는 편이다. 단 두 사람끼리만 함께 시간을 보내는 것은 무척 헤픈 짓으로 간주되고, 처녀의 평판이 나빠질 수 있다.

최근 몇 년 동안 일어난 흥미로운 변화는 데이트 앱이 도입된 점이다. 지금 튀르키예에서는 데이트 앱을 이용할 수 있고 실제로 쓰이고 있다. 아직 튀르키예 사회는 배우자를 선택하는 과정에서 가족들이 허락하고 개입해야 한다는 분위기가 만연해 있기 때문에, 전통을 중시하는 사람들은 데이트 앱을 의심의 눈초리로 바라보곤 한다. 하지만 인생과 사랑에 대한 세속적이거나 독립적인 관점을 지닌 사람들은 외국에서도 인기 있는 이 데이트 앱을 쓸 수 있을 것이다.

전반적으로 결혼과 결혼 승낙에는 가족이 일정 부분 관여한다. 중매결혼은 아직 농촌에서, 그리고 공통의 이익이 있을 법한 부자들 사이에서 찾아볼 수 있다. 더 보수적인 성향의 가족 구성원들은 결혼을 앞둔 식구의 배우자 선택을 둘러싼 발언권이 있다. 흔히 신랑은 신부보다 꽤 나이가 많다. 신랑은 군대를 다녀온 데다 일단 돈을 어느 정도 모아야 하기 때문이다.

연애결혼은 도시의 젊은 중산층 사이에서 유행하고 있고, 가끔 부모의 허락 없이 연애결혼을 하는 경우도 있다.

신부와 그 가족은 옷과 세간 같은 혼수(체이즈)를 준비한다. 체이즈는 결혼 날짜가 정해질 때까지 신부를 위해 잘 보관된다. 남녀가 결혼하기로 마음먹은 뒤에는 쇠즐뤼, 니샨르, 에블리라는 몇 가지 단계를 밟아야 한다.

쇠즐뤼는 약혼 전의 합의이다. 쇠즐뤼는 남녀가 서로 만나고 함께 시간을 보내는 것을 공식적으로 허락하는 절차이다. 물론 단 두 사람만 만나도록 허락하지는 않는다. 이것은 진지한 약속이고, 이 약속을 깨는 것은 심각한 명예훼손으로 간주된다.

니샨르는 '약혼한'이라는 뜻이다. 약혼 과정에는 양가의 모든 구성원이 참여한다. 예비 신랑의 가족은 예비 신부의 집을 정식으로 방문해 청혼한다. 신랑 쪽 식구들은 멋진 옷을 차려입고 가며, 맛있는 다과를 대접받을 것이다. 신랑의 체면을 세워주는 의미에서 예비 신부는 청혼에 대해 미묘한 방식으로 대답을 내놓는다. 일단 커피를 끓인다. 그런 다음 만약 청혼을 받아들이고 싶으면(혹은 어머니가 그렇게 시키면) 예비 신랑이 마실 커피 잔에 설탕을 탄다. 청혼을 거절하고 싶으면 소금을 탄다.

크나 게제시에 참석한 여자 친척들이 신부를 에워싸고 있다.

집안 어른이 관장하는 약혼 축하 잔치가 열린다. 약혼 잔치에서는 리본 양쪽 끝에 묶인 두 개의 반지를 예비 신랑 신부에게 건네준다. 두 사람은 각자 손가락에 반지를 하나씩 끼고, 집안 어른은 리본을 자른다.

에블리는 '결혼한'이라는 뜻이다. 결혼 축하연은 크나 게제시ᵏⁱⁿᵃ ᵍᵉᶜᵉˢⁱ(헤나 파티)로 시작된다. 이것은 절친한 친구 몇 명이나 기혼 자매나 여자 친척들이 신부를 위해 여는 파티이다. 크나 게제시는 마을 차원의 중요한 행사이다. 저녁에 일정한 시점이 되면 처녀들이 헤나로 염색한 손수건과 촛불을 든 채 신부를 중심으로 원을 그리며 걸어간다. 그런 다음 시어머니가 신부에게 동전을 주면서 손을 펴라고 말한다. 신부와 친구들은 손바닥에 헤나를 놓아둔다. 그들은 춤을 추면서 다른 마을로 떠나는 신부를 안쓰러워하는 구슬픈 노래를 부른다. 기혼자인 친구들은 시어머니에 관한 온갖 끔찍한 이야기를 할 것이다.

정식 결혼식은 공무 절차이다. 신랑 신부는 지역 당국에서 결혼 허가증을 받는다. 정식 결혼식은 비교적 시간이 짧고, 공무원이 진행한다. 등기소에서 열릴 경우 결혼식은 컨베이어 벨트와 비슷하다. 따라서 부자들은 비용이 많이 드는 자택이나 호텔에서의 결혼식을 택한다. 종교적 성격의 결혼식도 가능하지만, 공무 절차에 따른 결혼식을 열기 전에 종교적 성격의 결혼식을 먼저 올리는 행위는 범죄이다. 또한 남자가 한 명 이상의 부인을 두는 것도 불법이다.

결혼식 도중에 신부와 신랑이 입장하는 순간 박수가 터져 나온다. "예"라는 대답이 나오고 성혼 선언문이 낭독될 때 하객들은 박수를 보낸다. 이때 신랑 신부는 서로 상대방의 발을 밟으려고 애쓰기도 한다. 그것은 앞으로 누가 주도권을 잡을 것인지 짐작할 수 있는 방법이라고 한다.

커다란 꽃다발이 등장하고 사진과 영상도 촬영된다. 하객들은 신랑 신부에게 돈, 금, 팔찌 따위를 준다. 하층민들은 이런 모습을 과시하듯 보여준다. 돈을 줄 때는 신부의 드레스나 신랑의 목깃에 핀으로 꽂아놓는다.

그 뒤에 피로연이 열린다. 피로연의 수준은 상황에 따라 다르다. 모든 하객에게 설탕을 입힌 아몬드 같은 사탕 따위의 작은 선물이나 기념품이 제공된다.

정식 부부가 된 신랑 신부는 가족증명서를 받아야 한다. 신부는 친정의 명부에서 빠지고 시댁의 명부에 오른다. 대개의 경우 신혼부부는 가구와 비품이 완비된 아파트로 이사한다. 한편 신혼부부와 함께 이사한 부모는 전통적으로 가구와 비품을 새로 들여놓아야 하는 방을 쓰게 된다.

【 질병에 대처하기 】

튀르키예 전통 문화에서 건강은 신의 축복으로 간주된다. 타인과 그 가족의 건강에 대해 묻는 것이 예의이다. 튀르키예인들은 대체로 질병을 의학적 관점에서 바라보지만 신의 징벌, 잘못이나 근심의 대가, 악의적인 마법의 희생자로 전락한 결과, 악령을 화나게 하거나 해친 데 따른 앙갚음 따위로 볼 수도 있다.

질병에 대처하는 방식은 여러 가지가 있다. "신이 문제를 줄 때는 처방도 줬다"라는 튀르키예 동부 지역의 속담이 있다. 서양의 의학적 치료법뿐 아니라 전통 치료법도 쓰일 수 있다. 튀르키예의 병원과 개업 의사의 실력은 유럽의 어느 나라 못지않지만, 대부분의 주부들에게는 나름의 해결책이 있다. 요구르트는 위장 장애에 효과가 있다고들 한다. 스카프로 이마를 단단히 묶으면 두통에 좋다. 신앙심이 깊은 사람들과 미신에 빠진 사람들 사이에서는 이따금 쿠란의 싯귀를 적은 부적이나 완장이 쓰이고, 특정 성자들의 묘도 치유력이 있는 곳으로 통한다. 아픈 사람들은 질병에 효험이 있다고 믿는 무덤이나 특별한 온천을 방문하려고 먼 길을 마다하지 않을 것이다.

【 장례식 】

튀르키예인들은 대체로 죽음을 신의 뜻으로 여긴다. 그렇다고 해서 죽음에 따른 슬픔을 조금이라도 덜 느끼는 것은 아니다. 고인을 언급할 때는 흔히 고인의 이름에 라흐메틀리(신의 은총을 입은)라는 형용사를 붙인다.

고인의 유족을 방문하는 것이 예의에 맞다. 튀르키예인들은 가족을 잃은 친구나 친척을 위로하기 위해 만사를 제쳐두고 달려갈 것이다. 유족에게 건네는 적합한 표현으로는 "바쉬 으느즈 사올순Başınız sağolsun(삼가 조의를 표합니다)", "알라흐 라흐메트 에일레신Allah rahmet eylesin(고인에게 신의 은총이 내리기를 빕니다)", "알라흐 사브르 베르신Allah sabır versin(신의 은총으로 버텨내시기를 빕니다)" 등을 꼽을 수 있다.

전통적으로 시신은 24시간 안에 매장해야 한다. 장례식에서는 쿠란의 첫 번째 장인 파티하가 낭송된다. 신에게 찬사를 바치고, 고인과 조문객들의 영혼을 불쌍히 여겨달라고 빈다. 그런 다음 가장 중요한 절차인 면죄 의식이 진행된다. 이맘이 "고인은 여러분에게 어떤 사람이었습니까?"라고 묻는다. 참석자들은 "고인은 좋은 사람이었습니다"라고 대답한다. 이맘이 "고인이 저지른 모든 일을 용서합니까?"라고 묻는다. 참석자들은 "용서합니다"라고 대답한다. 이것은 고인에 대한 '마지막 의무'이다. 장례식에 참석하고 고인을 용서해주는 것이 매우 중요하다.

사람들이 관을 영구차까지 옮긴다. 매장 장소는 편백나무가 서 있는 공동묘지이다. 공동묘지에 도착하면 시신을 관에서 꺼내 매장한다. 즉 수의를 입혀놓은 상태로 매장한다. 이슬람교도들은 심판의 날에 있을 몸의 부활을 믿기 때문이다. 고인에게 경의를 표하는 마지막 절차는 기도이다. "신의 종이여, 나의 신은 알라이고, 나의 예언자는 무함마드이며, 나의 책은 코란이고, 나의 종교는 이슬람이라고 말하라."

튀르키예인들은 장례식장에 화환과 꽃을 보내는 대신 자선 단체에 기부를 한다. 이슬람교 사원에는 여러 자선 단체가 비치해둔 기부금 접수대가 있다. 혹은 고인을 기리는 의미로 자선 단체에 기증품을 직접 보낼 수도 있다.

고인이 세상을 떠난 지 7일 뒤에, 그리고 다시 40일 뒤에 종교의식이 열린다. 이때는 집에서 코란을 낭송할 것이다. 의식이 끝날 무렵에는 달콤한 과자인 로크마 한 조각을 나눠준다. 고인을 기억한다는 의미이다. 유족들은 정기적으로 고인의 무덤을 찾아 인사하고 기도할 것이고, 인사와 기도를 통해 고인을 기억할 것이다.

06

여가생활

튀르키예인들은 음식을 정말 좋아한다. 어디서나 간식을 살 수 있다. 상인들은 맛있는 음식이 가득한 판자를 머리에 이고 길거리를 돌아다닌다. 도로변에는 간이식당과 간이매점이 줄지어 있고, 옆면을 유리로 두른 손수레에도 짭짤한 음식이 진열되어 있다. 국제적인 패스트푸드 체인점도 다양하게 있다.

안식일

아타튀르크는 튀르키예 공화국을 창건하는 과정에서 안식일을 이슬람교의 금요일에서 서양의 일요일로 바꿨다. 은행과 사무실은 월요일부터 금요일까지, 상점은 월요일부터 토요일까지 영업한다. 그런데 많은 상점과 식당이 일요일에 문을 열기도 한다. 독실한 이슬람교도들은 금요일에 점심시간을 길게 잡는다. 이슬람교 사원에서 일주일 가운데 가장 경건한 기도를 드리기 위해서이다. 작은 상점이나 회사의 소유주는 이 금요일 점심시간에 영업을 중단할 수도 있다.

'일과 삶의 균형'은 장시간 일하고 금전적 보상을 적게 받는 편인 대다수 튀르키예인에게 익숙한 개념이 아니다. 대부분의 주요 도시들에서 출퇴근 시간에 일어나는 교통 체증처럼 초과 근무도 흔하다. 근무일에 직장에서 12시간 동안 일하는 사람들이 많다. 현재 남자는 60세, 여자는 58세인 튀르키예의 공식 은퇴 연령은 유럽의 여러 나라보다 낮지만, 은퇴 후에도 일하는 경우가 드물지 않다.

여가가 얼마나 생기든 간에 튀르키예인들은 흔히 가족들이나 친구들과 함께 어울리면서 여가를 최대한 활용한다. 혼자 오락이나 취미를 즐기는 데 여가를 할애하는 경우는 비교적 적다. 튀르키예인들은 겨울에는 상점 진열창 안의 물건을 구경하기를 좋아하고, 여름에는 외출하기를 좋아한다. 공원과 해변에서의 산책도 즐긴다. 식당에서 함께 음식을 먹고, 카페에서 커피나 차를 마시고 잡담을 나누며 시간을 보낸다.

음식과 음료

튀르키예 요리는 방문객을 기다리는 여러 즐거움 가운데 하나이다. 쌀, 건포도, 잣, 고기, 영양가 있는 스튜 등을 채워 넣은, 맛있는 제철 과일 및 채소 요리가 있고, 해안가에서는 갓 잡아 요리한 생선을 즐길 수 있다.

튀르키예 요리사들은 맛만큼 모양에도 신경을 쓴다. 전통적으로 무려 200종의 향신료를 활용한 덕분에 음식의 다양한 색깔과 풍부한 맛이 가능해졌다. 튀르키예에는 "눈을 사로잡고 나서 배를 채워라"라는 속담이 있다.

새끼양고기는 가장 인기 있는 고기이다. 흔히 케밥의 형태로 굽는 소고기도 닭고기만큼 흔하고, 특히 호두, 파프리카, 마

요리사가 튀르키예에서 인기 있는 즉석식품인 되네르 케밥을 잘라내고 있다.

늘 따위를 곁들여 요리한다. 고기는 돼지고기, 햄, 베이컨 같은 각종 돼지고기 제품을 먹지 말도록 규정한 이슬람식(할랄) 계율에 따라 요리한다. 돼지고기 제품은 고급 식당이나 5성급 호텔에서 맛볼 수 있지만, 대체로 튀르키예에서는 먹기 어렵다.

밥은 흔히 식탁에 오른다. 가끔은 건포도, 잣, 향신료 등을 밥에 곁들인다. 집에서 싱싱한 과일과 채소를 직접 재배하는 사람들이 많다. 상당수의 지중해 요리와 마찬가지로 튀르키예 요리에도 마늘과 올리브가 널리 쓰인다. 튀르키예에서는 신선한 재료를 강조하기 때문에 제철 음식을 중시한다.

【외식】

튀르키예인들은 음식을 정말 좋아한다. 어디서나 간식을 살 수 있다. 상인들은 맛있는 음식이 가득한 판자를 머리에 이고 길거리를 돌아다닌다. 도로변에는 간이식당과 간이매점이 줄지어 있고, 옆면을 유리로 두른 손수레에도 짭짤한 음식이 진열되어 있다. 사람들이 주로 즐기는 간식은 견과류와 해바라기 씨, 사탕옥수수, 시미트(겉에 참깨를 뿌린 고리 모양의 빵), 코코레츠(양의 창자를 구운 음식), 생선 샌드위치, 꼬챙이에 끼워 튀긴 홍합, 고기 완자 등이다.

심야는 낯설지 않다. 튀르키예인들은 가족끼리, 혹은 지인이나 친구와, 아니면 혼자 거리에 나가 마음껏 즐긴다. 산지의 생선부터 고기에 이르기까지 온갖 요리를 통해 손님의 입맛을 만족시키는 식당과 카페가 있다. 빵·과자 가게와 조제 식품점도 있고, 유행에 민감한 도심지에는 일식집까지 있다. 튀르키예인들은 보통 오후 7시 30분에서 8시 30분 사이에 저녁을 먹는다.

자리에 앉아도 종업원이 메뉴판을 갖다주지 않을 것이다. 대신에 종업원은 요리 목록을 읊어줄 것이다. 혹은 식탁에 온라인 메뉴판과 연동되는 QR 코드가 있을 것이다. 튀르키예에서 음식을 선택할 때는 소극적일 필요 없다. 주방을 살펴보고, 질문을 던지고, 원하는 음식을 지정해도 되는 경우가 많다. 사한Sahan, 미드포인트Midpoint, 빅셰프스Big Chefs, 쿡샵Cook Shop, 해피문스Happy Moons 같은 대형 체인점뿐 아니라 가족이 운영하는 전문 식당도 많다.

집에서 배달 음식을 시켜 먹기도 쉽다. 맥도날드부터 전통 요리점에 이르기까지 튀르키예의 대다수 식당은 배달 서비스를 제공한다. 하지만 식당에서 전화로 주문을 받는 종업원들과 오토바이로 배달하는 소년들은 영어를 못하는 경우가 많을 것이다. 음식 배달 앱인 예멕세페티^{Yemeksepeti} ('음식 바구니'란 뜻)를 이용하면 영어로 튀르키예 현지의 다양한 식당의 음식을 주문할 수 있다.

튀르키예식 식사는 여행에서 가장 인상적인 경험 중 하나일 것이다. 일반적으로 식당에서 즐기는 식사는 다음과 같은 코스로 진행될 것이다. 차가운 것과 뜨거운 것으로 나뉘는 전채는 개인 접시에 담긴 소량의 갖가지 요리로 구성된다.

메제

쟁반 하나에 열 가지의 정도의 메제(차가운 전채)가 담겨 있을 것이다. 보통은 속을 채운 포도나무 잎사귀나 고추(돌마), 치즈, 채소(올리브유를 뿌린 가지나 오크라), 매콤한 토마토 반죽, 마늘 넣은 요구르트에 버무린 가지와 물냉이, 병아리콩 반죽(후무스), 토마토 샐러드, 으깬 밀에 토마토소스와 칠리소스를 곁들인 것(크스르) 같은 요리가 나오고, 여기에 갓 구운 빵도 포함된다.

살라타

튀르키예의 싱싱한 과일과 채소는 감탄할 만하다. 샐러드(살라타)는 크게 두 가지 종류로 나뉜다. 하나는 잘게 썬 토마토, 오

라흐마준, 포도잎말이, 벌거밀 샐러드, 납작빵, 피데를 비롯한 인기 요리들(왼쪽에서 오른쪽)

이, 양파 등으로 만든 '양치기의 샐러드(초반 살라타스)'이다. 다른 하나는 상추, 강판에 간 당근이나 붉은 양배추, 얇게 썬 토마토와 오이, 사탕옥수수, 피망 등으로 만든 '제철 샐러드(메브심 살라타스)'이다.

초르바

수프(초르바)의 종류는 다양하다. 빨간 렌틸콩 수프(메르지멕), 요구르트와 쌀로 만든 수프(아일라), 토마토 수프(도마테스), 닭고기 수프(타북), 버섯 수프(만타르) 등을 꼭 맛봐야 한다. 냄새가 독한

내장 수프(이슈켐베)는 몇 번 먹어봐야 진정한 맛을 느낄 수 있다. 수프는 버터에 볶은 빨간 피망 또는 파프리카나 즉석에서 짠 레몬즙을 넣어 맛을 돋운다.

아라 스자크

뜨거운 전채인 아라 스자크에는 돌돌 말아 기름에 튀긴 치즈 페이스트리(시가라 뵈레이), 쌀, 견과, 잘게 썬 고기 따위를 둥글게 뭉쳐 기름에 튀긴 것(이칠리 쾨프테), 오징어(칼라마르), 튀긴 홍합(미디예) 등이 있다.

쾨프테 케밥

에트

튀르키예의 고기 요리(에트) 중에서 가장 유명한 케밥은 '작은 고기조각'이라는 뜻이다. '시시 케밥'은 꼬챙이에 끼워 구운 고기 조각이다. 되네르(직역하면 '돌다'라는 뜻)는 회전하는 꼬치에 끼워 구운 양고기나 닭고기이다. 되네르 케밥은 샌드위치 같은 빵(에크멕 아라스)에 넣어 먹거나 얇은 페이스트리(뒤룀)에 싸서 먹거나 채소를 곁들인 접시에 놓고 먹는 양고기나 닭고기 조각이다. 쾨프테는 다진 고기, 파슬리, 빵이나 쌀 등으로 만든 완자이다. 튀르키예인들은 스테이크도 먹는다. 대부분 바싹 구운 스테이크를 좋아한다. 튀르키예에서 '덜 구운(레어)'이라는 표현은 다른 나라에서의 '살짝 구운(미디엄)'에 해당한다. 닭고기는 튀르키예의 전통음식이 아니지만, 대다수 요리에서 찾아볼 수 있고, 심지어 닭고기로 만든 슈니첼도 있다. 지역마다 고유의 요리가 있다. 이스켄데르 케밥은 토마토소스와 요구르트를 곁들인 양고기 조각이다. 아다나 케밥은 맵고, 우르파 케밥은 맵지 않다. 먹어볼 만한 그 밖의 고기 요리로는 얇은 페이스트리로 감싼 고깃덩어리인 베이티 사르마와 마늘과 레몬을 넣어 졸인 가지 위에 얹어 내놓는 고깃덩어리인 바바가누쉬를 꼽을 수 있다.

발룩

생선(발룩)은 바닷가나 호숫가 식당에서 먹는 편이 최선이다. 생선은 보통 찌거나(부할르), 석쇠에 굽거나(타바), 기름에 튀겨(크자르트마) 요리한다. 인기 있는 생선은 시기에 따라 멸치(함시), 농어(레브렉), 게르치(뤼페르), 도미(치푸라), 넙치(칼칸), 고등어(우스쿰루) 등으로 나뉜다.

피데

이탈리아의 피자와 달리 튀르키예의 피데(튀르키예식 피자)는 토마토소스를 쓰지 않고, 둥글지도 않다. 대신에 길쭉하고 테두리가 안으로 말려 있다. 아래쪽의 부드러운 페이스트리 위에는 화이트치즈나 체더 치즈를, 그리고 원한다면 고기나 시금치나 계란을 얹는다. 라흐마준은 아주 얇은 페이스트리 위에 토마토소스와 양파소스를 곁들인, 다진 고기 요리이다. 이 요리는 파슬리나 잘게 썬 상추를 넣은 뒤 둥글게 말아 먹는다.

타트

튀르키예의 후식(타트)은 아주 찐득찐득한 편이다. 시럽에 담근 뒤 견과를 뿌려 만든 파이(바클라바), 바클라바와 비슷하지만

피스타치오 바클라바

시리얼로 만든 것(카다이프), 시럽에 적신 모과(아이바 타틀르스), 시럽에 적신 호박(카박 타틀르스) 등을 먹어보기 바란다. 끈적끈적한 후식 대신에 밀크 푸딩(무할레비)이나 쌀과 우유와 설탕으로 만든 푸딩(쉬틀라츠)을 먹어도 된다. 장미향수, 피스타치오, 코코넛, 가루 설탕 등으로 만든 튀르키예시 딜라이트(로쿰)는 후식으로 먹거나 커피를 곁들여 먹는다. 이 과자는 외국에도 알려져 있고, 선물용으로 안성맞춤이다.

[특별 식단]

파스타와 렌즈콩과 콩이 들어가는 요리뿐 아니라 여러 가지 신선한 과일과 채소도 구할 수 있기 때문에 튀르키예에서도 채식주의자가 먹을 만한 음식이 많을 것이다. 그런데 튀르키예의 식당에서 "고기는 빼주세요"라고 부탁하면 닭고기가 나올 가능성이 있다. 튀르키예인들이 생각하는 고기는 붉은 고기이기 때문이다. 이때는 "저는 채식주의자입니다"라고 말하는 편이 낫다.

엄격한 채식주의자가 원하는 무유당, 무글루텐 음식을 찾기는 더 힘들다. 엄격한 채식주의자가 외식할 때 가장 좋은 방법은, 자신에게 적합하지 않은 요리를 피하는 것이다. 고급 제과점에서는 무글루텐 빵과 케이크를 살 수 있을 것이다. 비교적 부유한 구역의 슈퍼마켓에는 두유나 아몬드유, 그리고 글루텐프리 밀가루와 빵과 과자와 케이크를 살 수 있는 전용 코너가 있다.

【 지역 특산 음식 】

튀르키예 음식은 지역마다 다르다. 어떤 특산 음식의 유래는 중앙아시아의 유목민 시절로 거슬러 올라가기도 한다. 예를 들어 수죽과 파스트르마는 향신료를 넣어 말린 고기 요리로, 원래는 고기를 말안장 밑에 깔아두는 방식으로 만든 것이다.

말에 탄 사람의 무게에 따른 압력과 말의 땀에서 나오는 소금기 때문에 고기가 상하지 않을 수 있었을 것이다.

남동부 지역에는 더 매콤한 음식이 있다. 도시의 튀르키예인들이 여행을 할 때는 수술룩Susurluk의 아이란(요구르트음료), 부르사의 설탕에 절인 밤과 복숭아, 흑해의 개암과 생멸치, 이즈미트의 피스마니예(솜사탕), 가지안테프의 피스타치오, 아피온의 매콤한 소시지 같은 각 지역 특산 음식을 사먹을 것이다.

【음료】

식당에서는 식당 주인의 방침, 그리고 학교와의 거리에 따라 술이 나올 수도, 그렇지 않을 수도 있다. 술이 나오는 식당에서는 지역(옐리) 상표의 술이 수입한(이탈) 맥주나 진이나 포도주보다 훨씬 저렴할 때가 많다. 대다수의 토속주는 국가가 독점 생산한다. 튀르키예 맥주는 영국의 에일이 아니라 라거 같다. 튀르키예 맥주는 차가운 상태로 나온다. 유명한 상표는 보통 맥주, 순한 맥주, 흑맥주 등으로 나뉘는 에페스(에페수스)이다. 튀르키예에는 다양한 종류의 적포도주와 백포도주가 있다. 유명한 포도원은 돌루자와 카박클르데레이다. 포도주는 주로 중상류층이 마시고, 보수 성향의 이슬람교도들은 모든 알코올음료

를 못마땅해한다. 평소에 술이 나오는 일부 식당은 라마단 기간에 자제의 표시로 술을 내놓지 않는다. 2013년에 통과된 법에 따라 밤 10시 이후에는 상점에서 술을 판매할 수 없다.

튀르키예인들은 카페에 앉아 친구들과 이야기 나누기를 좋아한다. 튀르키예의 대표적인 술은 아니스 열매 맛이 나는 증류주인 라크이다. '사자의 젖'으로 부르기도 하는 라크는 뿌옇게 될 때까지 물을 섞어 마시는 그리스의 술 우조와 비슷하다. 라크가 오른 식탁은 격식을 갖춘 식사에 어울린다. 라크는 여러 가지 뜨거운 전채나 차가운 전채를 곁들여 마신다.

진한 차는 어디서나 마실 수 있다. 진한 차는 보통 우유를 타지 않은 작은 튤립 모양의 유리잔에 넣어 마시고, 맛은 대체로 달콤하다. 차는 튀르키예인들이 손님과 친구에게 흔히 대접하는 보편적인 음료이다. 연한 차를 달라고 하는 것이 예의로 통한다. 그냥 "아츠크 올순acık olsun"이라고 말하면 된다. 주인이 찻잔을 여러 번 채워줄 것이다. 더 마시고 싶지 않을 때는 찻숟가락을 찻잔 위에 걸쳐놓으면 된다.

세계적으로 명성이 자자한 튀르키예 커피는 조그마한 컵에 타서 마시는데 아주 진하고 강하다. 커피를 타 먹는 방식을 가리키는 몇 가지 표현이 있다. 사데는 전혀 달지 않은 맛, 아즈 세케를리는 약간 단맛, 오르타는 중간 정도의 단맛, 초크 셰케를리는 아주 단맛을 가리키는 말이다. 품질이 좋은 튀르키예 커피는 위쪽에 거품이 인다. 절반만 마시기 바란다. 이때 커피 잔을 젓지 말기 바란다. 커피 잔을 저으면 텁텁한 맛의 찌꺼기를 만나게 될 것이다. 다음은 우정과 커피에 관한 튀르키예 속담이다. "한 잔의 커피는 40년의 우정을 약속한다." 더운 날에는 요구르트와 물을 섞어 만든, 상쾌한 맛의 아이란을 마셔보기 바란다.

식사 예절

식사 예절은 다양하다. 전반적으로 튀르키예인들은 오른손으로 포크를, 왼손으로 나이프를 쥐고, 중간에 손을 바꾸지 않는다. 엄격한 일부 이슬람교도들은 음식을 먹을 때 왼손을 전혀 쓰지 않는다. 식탁을 차릴 때는 포크와 나이프 같은 식사 도구를 서로 엇갈리게 접시 위에 놓아둔다. 튀르키예인들은 식사 도중에 한 손을 무릎에 올려두지 않는다. 양손이 식탁 위에 있어야 한다. 식사를 마쳤으면 나이프와 포크를 접시 위에 나란히 올려 놓는다. 종업원들은 빈 접시를 잽싸게 치운다(아직 음료를 마시고 있는 중이라면 잔을 계속 쥐고 있기 바란다). 그들은 언제나 여러분의 접시나 나이프나 포크를 치운 뒤 새것을 갖고 올 수도 있다.

식사는 사업의 일환일 때가 많다. 식사 초대를 받으면 항상 응하기 바란다. 그리고 초대한 사람이 음식 값을 내겠다고 고집하면 굳이 여러분이 분담할 필요가 없다. 아마 그 사람은 훗날 자기가 여러분의 고향을 가게 될 때 음식 값을 내면 된다고 말할 것이다. 나중에 적절한 때를 봐서 답례하면 된다.

보수적인 분위기의 식당에는 흔히 가족실과 남성 전용석

• 팁(바흐쉬쉬) •

대부분 최저 임금만 받는 종업원들은 팁을 기대하기 마련이다. 팁은 항상 현금으로 줘야 한다.

- 식당: 10%(메뉴판에 설명이 없는 한 보통 음식 값에 포함되지 않는다)
- 택시: 운전에 만족하면 10%(통상적으로 요금은 튀르키예 리라의 상위 단위까지 반올림한다)
- 공항: 수화물 운반 요금이 정해져 있다(요율표를 확인하기 바란다).
- 호텔 사환: 가방 하나당 미화로 1~2달러. 호텔 프런트에는 모든 직원을 대상으로 주는 팁(5~10달러)을 넣는 상자가 있다.
- 관광 안내원: 단체 관광객 1인당 미화로 약 2달러. 운전사에게도 동일한 금액을 준다.
- 이발소, 미용실, 튀르키예식 한증탕: 약 10%. 서비스를 제공한 사람들끼리 나눈다(호주머니에 돈을 직접 넣어줘도 무방할 때가 많다).
- 호텔이나 식당 주차 요원: 주차 요금이 따로 없다. 주차 요원이 차를 현관 앞에 대기시키면 미화로 2~3달러(고급차인 경우에는 팁을 더 줘야 한다!)

구역이 있다. 담배 연기로 가득한 튀르키예 식당의 모습은 이미 과거가 되었다. 이제 흡연자들은 법적으로 실외에 앉아야 한다. 따라서 많은 식당에는 담배를 피우는 고객들을 접대하기 위해 유리로 둘러싼 테라스가 설치되어 있다.

쇼핑

사람들로 북적이는 시장과 최신 쇼핑몰을 두루 갖춘 튀르키예는 마음껏 쇼핑을 즐길 수 있는 나라이다. 튀르키예인들은 재미삼아 쇼핑센터에 간다. 세계적 수준을 자랑하는 이스탄불의 아름답고 멋진 쇼핑몰에서 진열대의 상품을 구경하는 것은 즐거운 경험일 수 있다. 방문객들은 다채롭고 흥겨운 분위기의 시장을 꼭 가봐야 한다. 각 지방의 노천 시장뿐 아니라 지붕을 덮은 유서 깊고 웅장한 시장에서도 옷, 향신료, 싱싱한 과일과 채소, 전통 도자기, 양탄자, 금, 보석 같은 다양한 상품을 찾아볼 수 있다.

시장에서는 으레 흥정을 한다. 흥정을 잘하면 상인이 처음 부른 값의 약 절반 가격에 물건을 구매할 수도 있다. 흥정을 시도할 때는 상품의 적절한 가격을 짐작하고 있어야 한다. 값이 적절하면 물건을 사겠다는 생각이 없을 경우 아예 흥정에 나서지 말기 바란다. 실컷 흥정을 통해 값을 깎아놓고 정작 물건을 사지 않는 것은 매우 무례한 행동이다. 지불 방법도 미리 정해두기 바란다. 나키트는 현금을 뜻한다. 신용카드보다 현금이 유리할 수 있다. 쇼핑센터는 정찰제로 운영된다. 슈퍼마켓이나 명품 매장에서는 가격을 흥정하지 말기 바란다.

쇼핑은 즐거운 사회적 경험일 수 있다. 튀르키예 여성들은 멋진 옷차림으로 쇼핑에 나선다. 상점에 휙 들어가 필요한 물건만 사서 나온다고 생각하지 말기 바란다. 작은 상점의 주인들은 차를 권할 것이고, 잡담을 나누고 싶어 할 것이다. 여러분이 좋은 값에 물건을 샀어도 튀르키예인 친구들은 항상 그보다 더 싸게 살 수 있다고 말할 것이다. 그러므로 흥정을 도와줄 튀르키예인 친구들과 함께 쇼핑에 나서면 좋을 것이다.

튀르키예의 상점들은 저녁 늦게, 그러니까 오후 9시나 10시까지 문을 연다(시장은 해가 질 무렵에 문을 닫는다). 그리고 대부분 토요일에도 영업하고, 일요일까지 문을 여는 상점도 있다. 각 도시에는 서점가, 조명기구 상가, 의류 상가, 철물 및 자동차 부품 상가 같은 특정 상품을 전문으로 취급하는 구역이 있다.

튀르키예에는 전국적인 지점망을 갖춘 국내외의 유명 체인점이 여럿 있다. 대표적인 체인점으로는 백화점인 보이너 Boyner,

슈퍼마켓인 까르푸^{Carrefour}와 미그로스^{Migros}, 그리고 베이멘^{Bey-men}, 막스앤스펜서^{Marks & Spencer}, 자라^{Zara}, 무도^{Mudo}, 야르그즈^{Yargıcı} 등을 꼽을 수 있다. 합리적인 가격대의 청바지와 평상복은 콜린스^{Colin's}, LTB, LC 와이키키^{LC Waikiki} 같은 튀르키예의 자국 체인점에서 쉽게 구입할 수 있다. 특히 주목할 만한 고급 상점은 바코^{Vakko}이다. 이 가족 소유 백화점은 고품질의 비단으로 만든 여성용 스카프와 남성용 넥타이를 판매한다. 바코의 특장점은 튀르키예산 직물과 튀르키예풍 모자이크를 참고한 디자인과 튀르키예 현대미술을 재현한 상품이다.

가죽 제품과 금도 아주 괜찮은 품목이다. 금은 무게로 값을 매긴다. 시세는 날마다 바뀌고, 환율과 마찬가지로 신문에 나온다. 상인은 여러분이 선택한 금의 무게를 달고 당일의 시세를 바탕으로 가격을 계산한다. 그 밖의 좋은 선물용이나 기념용 품목으로는 구리, 은그릇, 유리그릇 따위를 들 수 있다.

양탄자는 반드시 구입해야 한다! 굉장한 수준의 정선품과 지역별로 다양한 디자인을 찾아볼 수 있을 것이다. 양탄자의 품질은 천차만별이다. 헤레케에서 생산되는 최고급 비단으로 만든 양탄자도 있고, 양모나 기계나 손으로 만든 제품도 있다. 양탄자를 구입할 때는 1제곱센티미터당 매듭의 수가 많을수록 가격이 비싸다는 점을 명심해야 한다. 질 좋은 제품을 사려면 돈을 더 지불해야 한다. 양탄자 구입에는 시간이 오래 걸릴 수 있다. 상인은 가게에 있는 모든 양탄자를 일일이 굴려 펴면서 자랑스레 보여준다. 이 과정을 건너뛰지 말기 바란다. 양탄자는 값싼 물건이 아니다. 그리고 여러분은 모든 양탄자를 살펴볼 자격이 있다. 이때 가게 주인이 여러분에게 차를 잔뜩 권할 것이다. 마음에 드는 양탄자를 지정하면 주인은 여러분이 나중에 다시 살펴볼 수 있도록 그것을 따로 빼놓을 것이다. 가격은 흥정해도 좋다.

골동품을 팔려고 하는 사람들도 있을 것이다. 특히 여러분이 옛 유적지를 구경할 때 사내아이들이 다가와 조그만 항아리나 오래된 동전을 내놓을 것이다. 이때 조심해야 한다. 그런 물건들은 국외 반출이 금지되어 있다. 튀르키예에는 동전, 도기, 보석, 그림, 양탄자 같은 골동품과 공예품의 수출을 관장하는 엄격한 법률이 있다.

관광 안내원들은 그들이 추천하는 상점의 주인에게 수수료를 받는다. 시간을 두고 주위를 둘러보기 바란다. 길 건너편에는 관광 안내원에게 수수료를 주지 않고 물건 값도 깎아주는 가게가 있을지 모른다. 관광지의 길거리에서 튀르키예인과 마주칠 때는 다음과 같은 말에 현혹되지 말기 바란다. "우리 아저씨가 하는 가게가 좋습니다." 이 말은 "나는 관광객들에게 접근해 특정 상점으로 데려가는 일을 하는 직원입니다"라는 뜻으로 이해하면 된다. 여러분 스스로 판단하기 바란다.

오늘날 튀르키예에서 구매자들은 쇼핑의 많은 부분을 온라인으로 해결할 수 있다. 하지만 현지 소매업체들은 영어로 서비스를 제공하는 데 제약이 있고, 결제할 때 자국 신용카드를 요구할 수도 있다.

트렌디올Trendyol, 헵시부라다Hepsiburada, 누마라 온비르n11, 기티기디요르GittiGidiyor 등은 모두 튀르키예의 유명 온라인쇼핑 플랫폼이고, 이들 온라인쇼핑 플랫폼을 이용하면 소매점보다 더 저렴하게 물건을 살 수 있는 경우가 많다.

환전

신용카드를 받아주는 곳이 많지만, 현금으로 결제하는 편이 유리한 경우가 많다. 현금은 팁을 줄 때나 주차 보조원에게 요금을 지불할 때도 필요할 것이다. 튀르키예로 여행을 떠나기 전에 미리 많은 돈을 바꾸지 않는 편이 낫다. 튀르키예 현지에서 더 유리한 환율을 적용받을 수 있는 경우가 많기 때문이다.

은행은 월요일부터 금요일까지 영업하지만, 대다수 은행은 점심시간인 오후 12시 30분부터 1시 30분까지 문을 닫는다. 튀르키예에는 HSBC와 ING 은행 같은 외국계 은행이 있을 뿐 아니라 훌륭한 자국 은행도 많다. 최근 몇 년 동안 튀르키예에서는 타카풀Takaful(기존 보험의 대안으로 제시된 이슬람식 보험-옮긴이)이라는 금융 부문이 성장했다. 타카풀은 현지에서 "참여 금융"이라는 뜻의 "카틀름Katılım"으로 불린다. 서민과 중소기업을 주요 고객으로 삼는 타카풀 금융기관은 이슬람 율법을 따르기 때문에 이자가 금지된다.

가장 손쉬운 환전 방법은 허가를 받은 환전소인 되비즈를 이용하는 것이다. 되비즈는 번화가에 자리 잡은 소형 점포이다. 당국의 감독을 받는 되비즈는 가장 유리한 환율을 적용할 때가 많다. 환율은 게시판에 표시될 것이고(그러므로 근처에 있는 2~3곳의 되비즈 환율을 비교하면 좋다), 추가 수수료 없이 게시판에 적힌 대로 적용될 것이다.

대부분의 호텔에서도 돈을 바꿀 수 있지만, 은행이나 되비즈보다 불리한 환율이 적용된다. 길거리의 환전상들을 조심해야 한다. 기껏해야 불리한 환율을 적용받을 것이고, 최악의 경우에는 위조지폐를 받게 될지 모른다.

신용카드는 대다수 상점과 식당에서 받아준다. 가장 손쉽게 쓸 수 있는 신용카드는 비자와 마스터카드이다. 그 밖의 신용카드나 직불카드를 받아주지 않는 상점이 많다. 이때 사기를 조심해야 한다. 뒷골목의 작은 상점에서는 신용카드를 쓰지 않는 것이 상책이다. 미국 달러, 유로, 파운드를 받아주는 상점과 호텔이 많다.

음악

튀르키예인들은 음악을 사랑한다. 여유 있는 사람은 연주회를 구경하러 간다. 주요 도시에서는 국내외의 유명 음악인이 참가하는 문화행사가 열린다. 튀르키예의 전통음악은 무척 독특하다. 리듬과 음계는 대체로 중동의 분위기를 풍기고, 노래는 민요 합창곡이 주류를 이룬다. 정식 합창단이 등장할 수 있고, 솔로 가수만 나올 수도 있다. 대표적인 악기는 카눈(치터 같은 72줄의 현악기), 탐부르(만돌린과 유사한 목이 긴 현악기), 우드(류트와 비슷한

발라마 사즈(bağlama saz)를 연주하는 남자들

악기), 네이(갈대피리), 사즈(작은 류트) 따위를 꼽을 수 있다. 튀르키예 음악은 감정과 표현이 풍부해 관객들이 몸을 흔들면서 따라 부를 때가 많다. 식당에서의 라이브 공연에는 몇몇 전통 민요(파슬)가 포함된다.

　대중음악은 서양식의 튀르키예 가요로 구성된다. 대중음악은 어깨가 들썩일 정도로 리듬이 경쾌하지만, 중동의 음계를 토대로 삼고 있다. 튀르키예인들은 여러분이 세젠 악수Sezen Aksu, 타르칸Tarkan, 세르타브 에레네르Sertab Erener 같은 튀르키예의 전설적인 대중 가수의 이름을 알면 좋아할 것이다. 세르타브 에레네르는 유로비전 송 콘테스트에서 "내가 갈 수 있는 모든 길 Every Way That I Can"이라는 곡으로 우승했다. 비교적 최근의 유명 대중 가수들로는 무스타파 제젤리Mustafa Ceceli, 오우즈한 코치Oğuzhan Koç, 빌랄 손세스Bilal Sonses 등을 꼽을 수 있다.

튀르키예의 대중교통 운전자들은 주로 짝사랑이나 애인의 배신을 한탄하는 아라베스크Arabesque 음악의 노래를 들으면서 운전하는 경우가 많다. 중동과 남유럽의 감정적이고 애처로운 곡조에 영향을 받은 이 아라베스크 음악은 꼭 들어봐야 한다. 이 장르의 상징적인 가수들에는 오르한 겐제바이Orhan Gencebay, 이브라힘 타틀르세스Ibrahim Tatlises, 베르겐Bergen 등이 포함된다.

영화

튀르키예 영화는 몹시 극적이다. 십중팔구 총을 들고 벌이는 추격전과 연애 사건이 등장한다.

튀르키예에서도 최신 할리우드 영화를 모두 볼 수 있다. 대개의 경우 영화는 원어로 상영되고, 튀르키예어 자막이 뜬다. 유일한 예외는 튀르키예어로 재녹음하는 어린이용 영화이다.

영화는 중간에 갑자기 중단될 것이다. 필름 감개가 고장 났기 때문이 아니다. 관람객들이 담배를 피울 수 있도록 10분간의 의무 휴식을 주는 것이다. 영화관은 코로나 19 팬데믹 기간에 산발적으로 문을 닫았지만, 백신 접종이 광범위하게 이뤄진 덕분에 특별한 제약 없이 다시 문을 열었다. 다만 정부의 코로나 경로 추적 앱인 하야트 에베 스아르^{Hayat Eve Sığar}를 통해 QR 코드를 제시해야 한다.

넷플릭스는 튀르키예에서 뜨거운 인기를 끌고 있다. 넷플릭스의 외국 영화와 텔레비전 프로그램은 튀르키예어로 재녹음되거나 튀르키예어 자막이 달린 상태로 방영된다. 튀르키예 작품들도 넷플릭스에서 많이 방영된다. 튀르키예 작품들도 영어로 재녹음되거나 영어 자막이 달린 상태로 시청할 수 있다. 튀르키예 작품으로는 젬 이을마즈^{Cem Yılmaz} 같은 인기 코미디언들이 출연한 프로그램, 〈부활: 에르투으룰^{Diriliş: Ertuğrul}〉 같은 사극, 〈조직 범죄^{Organize Suçler}〉와 〈늑대들의 계곡^{Kurtlar Vadisi}〉을 비롯한 활극과 연속극, 〈더 기프트^{Atiye}〉와 〈더 클럽^{Kulüp}〉 같은 드라마를 들 수 있다.

춤

튀르키예의 춤은 민속무용, 고전발레, 현대무용 등으로 나뉜다. 할라이는 북소리나 피리소리에 맞춰 원을 그리며 추는 유명한 민속춤이다.

벨리댄스는 튀르키예와 동일시되는 춤이지만, 발상지는 튀르키예가 아니라 중동의 다른 지역이다. 특별히 훈련받은 벨리댄서들은 단쇠즈로 불린다. 벨리댄서는 결혼 축하연이나 생일 축하연 같은 사적인 파티에서의 공연을 위해 채용된다. 관광객을 위한 특별한 쇼에, 혹은 카바레에서의 공연에 나서는 벨리댄서도 있다. 튀르키예인들은 남녀노소를 불문하고 일류 벨리댄서의 솜씨를 높이 평가한다. 그런 뜨거운 반응은 벨리댄서가 테이블 앞을 지나갈 때 박수갈채를 보내면서 브래지어 끈 속에 지폐를 넣어주는 방식으로 표현된다. 벨리댄서는 손님에게 받은 돈을 악단과 나눌 것이다. 벨리댄서를 가장 열렬하게 흠모하는 사람들이 항상 남자인 것은 아니다. 레인코트와 머리쓰개를 착용한 나이 든 여성들이 앞좌석에서 옷을 거의 입지 않은 처녀 댄서에게 환호하는 경우도 있다.

유머

튀르키예인들은 유머 감각이 좋고, 본인과 타인 모두를 놀림 감으로 삼을 수도 있다. 흑해 지역 출신의 테멜과 나스레틴 호자는 유명한 농담의 주인공들이다. 나스레딘 호자에 관한 농담은 사회의 허점을 숨김없이 드러내는, 재치 있는 이야기이다. 테멜에 관한 농담에는 천진한 시골뜨기의 이미지가 묻어난다. 항상 테멜은 큰 실수를 저지르는 바보로 등장한다.

카라괴즈와 하지바트는 오스만 시대의 복장을 입은 그림자 인형극 주인공들이다. 이 인형극은 전통 민속예술이고, 어린이만을 관객으로 삼지는 않는다. 두 주인공의 연기는 익살스러운 정치 풍자이다. 카라괴즈(멍청이)는 틀린 말을 하고 잘못된 판단을 한다. 하지바트는 영리하고, 항상 카라괴즈의 말과 생각을 바로잡아준다. 오늘날 이 전통 예술 형식은 현대의 유명 인사를 조롱하거나 공적인 문제를 풍자하는 데 자주 쓰인다.

스포츠

【국민 스포츠】

튀르키예 남자들은 축구를 그저 좋아하는 수준을 뛰어넘는다. 그들은 축구에 미쳤다. 여름에 모든 거리는 축구장으로 변한다. 여러분이 앞으로 응원해 볼 만한 명문 축구팀을 꼽자면, 상징이 독수리이고 이스탄불을 연고지로 하며 검은색과 흰색 유니폼을 입는 베식타스, 상징이 카나리아이고 이스탄불을 연고지로 하며 남색과 노란색 유니폼을 입는 페네르바체, 상징이 사자이고 이스탄불을 연고지로 하며 붉은색과 노란색 유니폼을 입고 응원구호로 '짐봄봄'을 외치는 갈라타사라이, 상징이 호랑이이고 트라브존을 연고지로 하며 밤색과 푸른색 유니폼을 입는 트라브존스포르 등이 있다.

튀르키예 축구는 유럽에서, 그리고 월드컵 대회에서 좋은 성적을 거둬왔다. 튀르키예인들은 여러분에게 어느 팀을 응원하는지 물을 것이고, 만약 여러분이 튀르키예 축구에 관한 지식을 드러내면 감동받을 것이다. 그들은 유럽의 여러 축구팀에 대해 잘 알고 있다. 튀르키예 축구팬들은 광적이다. 모든 축구 경기는 마치 폭죽이 터지고 북소리가 울려 퍼지는 축제 같다.

【 그 밖의 스포츠 】

주요 도시의 여기저기에 체육관이 있다. 실내 수영장은 점점 늘어나는 추세지만, 주로 고급 호텔에서 찾아볼 수 있다. 일부 테니스장은 요금을 내면 이용할 수 있다. 튀르키예인들은 건강 문제를 점점 더 의식하고 있다. 소수지만 조깅을 하는 사람들도 있다. 조깅은 특히 여성들에게 익숙하지 않은 운동이지만, 중상류층 여성들은 예외이다.

부르사 인근의 울루다, 볼루 근처의 카르탈카야, 에르주룸 근방의 팔란되켄, 안탈리아 주의 사클르켄트 등지에서는 겨울철에 스키를 즐길 수 있다.

골프는 이스탄불 교외에 있는 몇몇 컨트리클럽이나 휴양지인 안탈리아 근처의 골프리조트에서 칠 수 있다.

【 복권과 도박 】

국가에서 운영하는 복권의 명칭은 밀리 피양고이고, 1월 1일인 신년과 그 밖의 국가 공휴일에 최대 금액의 당첨자가 나온다. 튀르키예에서는 거의 모든 사람이 일말의 기대를 안고 복권을 사는 것 같다. 아모르티에 당첨될 확률은 5분의 1이고, 여기에 당첨되면 복권 값을 돌려받을 수 있다. 당첨 번호는 신문에 나온다. 즉석 복권도 있고, 축구 경기 결과에 돈을 걸어 당첨금을 배당받는 도박도 가능하다.

몇 해 전 카지노 형태의 도박은 이슬람교도들의 뜨거운 공감 속에 불법화되었고, 튀르키예의 모든 카지노는 문을 닫았다. 도박을 마음껏 하고 싶은 사람들은 고급 호텔마다 대형 카지노가 있는 키프로스 북부까지 비행기를 타고 간다. 이스탄불에서 키프로스의 에르칸까지 가는 항공편의 승객 가운데 최소한 절반은 부유한 노년의 미망인들이다.

하맘

하맘은 튀르키예의 전통 목욕탕이다. 옛날에는 사람들이 집에서 목욕을 하지 않고 하맘을 이용했다. 오스만 제국 시대에 하맘은 세상 이야기와 사교 활동의 중심지였다. 일부 사람들은 아직도 하맘을 사교 장소로 여긴다. 오늘날 하맘은 주로 신부의 결혼 준비 같은 특별한 행사에 쓰이거나 호기심 많은 관광객들이 이용한다.

하맘에 입장한 남녀 손님들은 서로 다른 구역에서 목욕을 즐긴다. 손님에게는 주요 부위를 가리기 위해 몸에 두르는 수건인 페쉬테말, 나막신, 대야 같은 몇 가지 필수 도구가 지급된다. 비누는 직접 가져가야 한다. 욕실은 김이 자욱하다. 욕실의 벽을 따라 수로와 배수구가 있다. 적당한 자리를 골라 온수 수도꼭지와 냉수 수도꼭지가 달린 배수구 앞 대리석 바닥에 앉는다. 대야에 물을 채워 몸에 끼얹는다. 튀르키예인들은 물이 반드시 흘러야 하며, 물이 가득한 욕조 안에 앉아 있는 것은 불결하다고 생각한다. 각질을 벗겨내어 진정한 청결을 맛볼 수 있다. 최선의 결과를 위해서는 각질을 벗긴 뒤에 비누를 써야 한다. 뜨거운 물에 피부가 부드러워지기 때문에 특별한 스펀지를 이용하거나 안마사의 도움을 받아 각질을 벗길 수 있다. 하지만 견디기 힘들 수 있다!

한증실에서는 몸을 씻는다. 그리고 뜨거운 대리석판 위에 누운 채 격렬한 안마를 받을 수 있다. 뜨거운 한증실 내부는 온통 대리석으로 덮여 있다. 목욕 구역에는 온돌이 깔려 있다. 하맘에 다시 올 수 없을 것 같다면 모든 것(때수건으로 몸을 문지르기, 비누칠하기, 얼굴 마사지와 발 마사지)을 체험하기 바란다.

"하맘에 들어가는 사람은 땀이 날 것이다"라는 뜻의 튀르키예 속담이 있다. 열기를 견디기 힘들면 굳이 있을 필요 없다!

이슬람교 사원 방문

튀르키예인들은 자기 지역의 아름다운 이슬람교 사원을 자랑스럽게 여긴다. 이슬람교 사원은 공동체의 영적 중심지이고, 예술과 영성^{靈性}이 절묘한 조화를 이루고 있는 곳이다. 우아하고 길쭉한 첨탑은 사람들의 시선을 하늘 쪽으로 끌어당기고, 내부 벽면의 정교한 서예 작품과 바닥에 깔린 양탄자의 무늬도 눈길을 사로잡는다.

　여러분은 별도의 출입구로 들어가게 될 수도 있다. 기도 시간에는 방문객의 입장이 허용되지 않는다. 남자들은 여성 전용 구역에 들어가지 말아야 한다. 모쪼록 예의바르게 행동하고, 노출을 삼가기 바란다. 관광객이 많이 찾는 이슬람교 사원에는 너무 짧은 치마를 입은 여자들이나 반바지를 입은 남자들을 위한 덮개가 준비되어 있다. 여자들은 머리가 보이지 않도록 감싸야 한다. 안으로 들어갈 때는 신발을 벗어야 한다.

07

여행 이모저모

튀르키예의 운전자들은 정말 급하게 움직인다. 그들은 위험을 마다하지 않고, 공격적인 자세를 취할 때가 많다. 튀르키예 현지의 운전 예절을 잘 알고 있어야 한다. 깜빡이는 전조등은 "먼저 가세요"라는 뜻이 아니다. 그것은 "꿈도 꾸지 마. 내가 가니까"라는 의미이다.

더할 나위 없는 기후, 기나긴 에게해와 지중해의 해안선, 풍부한 역사, 이 모든 것을 갖춘 튀르키예는 훌륭한 휴가지이다. 튀르키예에서는 온갖 형태의 휴가를 즐길 수 있다. 젊은이들은 해변에서 멋진 경치와 신나는 밤놀이를 즐길 수 있다. 역사 애호가는 놀라울 정도로 다양한 고고학 유적을 탐방할 것이다. 배낭 여행자는 아름다운 풍경을 즐기고 오지를 탐험할 수 있다.

튀르키예 관광부는 관광 안내소를 운영한다. 튀르키예의 모든 도시에는 관광 안내소가 있고, 이스탄불에는 주요 관광지마다 지소 형태의 안내소가 있다. 관광 안내소를 방문하면 무료로 소책자, 지도, 유용한 정보를 얻을 수 있다.

대도시에서는 극심한 교통 혼잡을 겪을 수 있다. 특히 출퇴근 시간이 그렇다. 튀르키예의 많은 운전자들은 구글맵과 얀덱스Yandex로 빠른 경로를 찾아내고 교통 정체를 피한다.

도로와 교통

튀르키예에서는 규제와 관료제와 줄서서 기다리기 같은 요소 때문에 대체로 일이 느리게 진행된다. 그런데 역설적으로 튀르키예의 운전자들은 정말 급하게 움직인다. 그들은 위험을 마다하지 않고, 공격적인 자세를 취할 때가 많다.

튀르키예에서 자동차는 우측통행을 한다. 그동안 주요 도로망이 크게 개선되었다. 하지만 교통 혼잡, 속도위반, 부실한 신호체계, 위험한 추월, 도로 위의 구멍, 불분명한 이정표 등으로 인해 운전이 만만하지 않다. 소심한 사람은 교통이 혼잡한 도시의 출퇴근 시간을 피하는 것이 좋다. 도로에는 빠르게 움직이는 지프와 트럭과 낡은 트랙터, 그리고 여기저기서 나타나는 당나귀 수레가 뒤섞여 있다.

외국인들은 튀르키예 현지의 운전 예절을 배울 필요가 있다. 경적 울리기가 항상 부정적인 행동으로 통하지는 않는다. 경적소리는 "서둘러주세요", "조심하세요", "안녕하세요?", "태워줄까요?" 같은 말을 의미할 수 있다. 운전자들은 지정된 차로를 늘 지키지는 않고, 아예 새로운 차로를 만들어내기도 하며, 수시로 신호 없이 방향을 바꾼다. 튀르키예인이 운전하는 자동차의 표시등은 좀처럼 수명을 다하지 않지만, 경적은 수명이 짧다!

튀르키예의 신호등에는 몇 가지 흥미로운 특징이 있다. 신호가 바뀔 때까지 몇 초가 남았는지 알려주는 초읽기 장치가 설치된 신호등이 많다. 덕분에 보행자는 초록색 신호에서 빨간색 신호로 바뀌기 전에 재빨리 횡단보도를 건널 수 있다. 그리고 빨간 신호에 걸려 멈춰 있는 자동차의 운전자는 미리 엔진의 회전 속도를 높여 신호가 바뀌자마자 출발할 수 있다. 튀르키예에서 10억 분의 1초라는 개념은 교통 신호가 초록색으로 바뀐 시점부터 뒤에 있는 자동차의 운전자가 고함을 치거나 경적을 울리는 시점 사이의 시간을 뜻한다. 신호등에는 대체로 노란불이 없지만, 이상하게도 밤에는 신호등이 꺼진 채 그저 노란불만 깜빡일 수 있다.

튀르키예의 도로에서 살아남으려면 단호해야 한다. 통행 우선권을 둘러싼 규칙이 있지만(일례로 로터리에서는 오른쪽에서 들어오는 자동차에게 우선권이 있다), 실제로는 먼저 들이미는 자동차에게 우선권이 있다. 운전자들은 참을성이 없는 편이고, 좁은 길에서 다른 차와 정면으로 마주칠 때 좀처럼 후진하려 들지 않는다. 교통법규는 노골적으로 무시되지만, 만약 여러분이 교통법규를 위반해 적발되면 벌금과 벌점이 부과될 것이다.

도시 간 노선에는 속도위반 감시구역이 있다. 시내 도로의 제한속도는 50km, 개방도로는 90km(중앙 분리대가 있는 간선도로는 100km), 고속도로는 120km 등이다.

자동차 사고가 났을 때는, 설령 상대방이 주변을 살피지 않고 차선을 바꿨어도 대체로 들이받은 쪽에 과실이 있는 것으로 간주된다. 그러므로 항상 급정지 태세를 갖추고 있어야 한다. 자동차 사고의 경우 경찰서에 신고서를 접수해야 보험회사가 보험금 신청을 받아들일 것이다. 사고가 났을 때는 아마 오래 기다려야 경찰이 도착할 것이다. 이때 사고와 관련된 모든 자동차는 사고 현장에 그대로 있어야 한다. 사고에 연루된 운전자 중에는 경찰을 기다리지 않고 자리를 피하려는 사람도 있을 것이다(그런 사람은 보험에 가입하지 않았거나 자동차세 납세 인지가 없기 때문일 것이다). 설령 극심한 교통 체증이 빚어져도 그대로 있어야 한다! 사고 현장을 떠나면 벌금이 부과될 수 있다.

튀르키예 현지의 운전 예절을 잘 알고 있어야 한다. 깜빡이는 전조등은 "먼저 가세요"라는 뜻이 아니다. 그것은 "꿈도 꾸지 마. 내가 가니까"라는 의미이다.

불가리아에서 출발해 이스탄불을 거쳐 앙카라로 이어지는 주요 고속도로^{TEM}, 이스탄불의 두 교량, 그리고 몇몇 도로는 유료 도로이다. 이들 유료 도로의 통행료는 이제 더 이상 현금으로 지불할 수 없다. 각 요금소 바로 옆에는 HGS 시스템이나 KGS 시스템의 전자카드를 구입할 수 있는 작은 건물이 있다.

한 번 충전하면 일정한 수의 요금소를 통과할 수 있는 이 전자 카드는 필요할 때 다시 충전이 가능하다.

【음주운전】

음주 운전은 불법이다. 무작위 음주 측정을 많이 시행하지는 않지만, 사고에 연루된 사람은 설령 과실이 없어도 대체로 음주 측정을 받아야 한다. 음주 운전에는 엄격한 처벌이 따른다. 음주 운전에는 엄격한 처벌이 따른다. 혈중 알코올 농도의 법정 한도는 0.05%이다.

【자동차와 운전면허】

외국인은 튀르키예에서 최대 6개월까지 외국 면허증으로 운전할 수 있지만, 6개월이 지나면 튀르키예의 운전면허시험을 거쳐 면허증을 따야 한다.

튀르키예의 자동차 보험은 대물 배상에만 가입할 수 있다. 보험에는 두 가지 형태가 있다. 조룬루 트라피크는 가입이 의무적이고, 보상 한도가 낮다. 카스코는 종합 보상이 가능하다.

튀르키예에 거주하는 외국인에게 등록된 자동차에는 "M"으로 시작하는 특별 번호판이 달린다. 등록된 소유자나 가족들만 그런 번호판이 달린 자동차를 운전할 수 있다. 하지만 외국인은 튀르키예인에게 등록된 자동차를 아무런 법적 제한이나 보험 관련 제약 없이 운전할 수 있다. 단, 적합한 운전면허증이 있어야 한다.

【길 건너기】

길을 건널 때는 조심해야 한다. 신호등이 있는 곳에서 건너는 편이 최선이지만(보행자를 위해 초읽기가 장치가 있는 신호등이 많다), 양쪽의 자동차가 모두 멈췄는지 꼭 확인하기 바란다. 횡단보도를 건넌다고 해서 여러분에게 우선권이 있다고 착각하면 곤란하다. 길 건너기는 위험하다. 되도록 육교와 지하도를 이용하기 바란다(지하도에는 간이매점과 상점이 있기 마련이다).

도시 간 교통

【비행기】

현재 튀르키예에는 58개의 공항이 있고, 그중 23개는 국제공항이고, 35개는 국내공항이다. 튀르키예의 국적 항공사인 튀르키예 항공THY은 주요 도시를 연결하는 훌륭한 노선망을 갖추고 있고, 페가수스와 아나돌루 제트Anadolu Jet 같은 저가 항공사를 비롯한 여러 항공사들이 튀르키예 전역을 담당한다.

비행시간은 이스탄불에서 앙카라까지 1시간, 이스탄불에서 디야르바키르까지 2시간이다. 항공편에 따라 앙카라나 이스탄불에서 비행기를 갈아타야 할 때도 있다. 승객은 항상 신분증을 지참해야 한다. 신분증은 여권이나 사진이 포함된 다른 증명서로 대체할 수 있다. 요금은 적당하다. 비행기표를 구입할 때는 반드시 인터넷 검색을 통해 유리한 조건을 찾아내기 바란다.

【버스】

버스는 비행기 다음으로 튀르키예 곳곳을 여행할 수 있는 좋은 수단이다. 물론 시간이 오래 걸린다. 그래도 민간 버스회사 간의 경쟁은 여행자에게 유리하게 작용한다. 표를 예매해도 되고, 시외버스 터미널에 가서 버스를 타도 된다. 어느 버스를 타야 할지 몰라 두리번거리고 있으면 틀림없이 자기 회사 버스에 태우려는 남자들이 다가와 말을 걸 것이다!

이스탄불과 앙카라까지는 4시간밖에 걸리지 않는다. 많은 버스가 야간에 운행된다(예를 들어 이스탄불에서 트라브존까지는 20시간이, 이스탄불에서 이즈미르까지는 9시간이 걸린다). 비교적 안전하게 운행하는 몇몇 버스회사들이 있다. 카밀코츠, 울루소이, 바란 같은 버스회사들이 가장 안전하다는 평가를 받고, 상대적으로 부유한 여행자들을 목표로 영업한다. 일부 노선의 버스에는 식사가 나오고 실내 화장실이 설치되어 있다. 그 밖의 노선에는 주유소나 버스 터미널에 정차할 것이다. 버스 안에서는 금연이다.

【기차】

기차는 튀르키예에서 인기 있는 여행 수단이고, 철도망이 대대적으로 개선된 2014년부터 더 효율적이고 편리해졌다. 현재, 고속열차Yüksek Hızlı Tren, YHT가 이스탄불 앙카라 노선, 앙카라 코니아 노선, 에스키셰히르 앙카라 노선에서 운행하고 있다. 요금은 적당하다. 미리 온라인으로 예약하는 편이 가장 좋다. 특히 고속철도 이용량이 가장 많은 시간대와 연휴 기간에는 예약이 필수적이다. 기차표는 영어로도 이용할 수 있는 튀르키예 철도TCDD의 발권 웹사이트(www.tcdd.gov.tr)에서 살 수 있다.

아다나 주에 있는 바르다 고가교(Varda Viaduct)

【 연락선 】

이스탄불과 얄로바Yalova, 이스탄불과 마르마라 섬, 이스탄불과 반드르마Bandırma 등의 구간을 비롯해 튀르키예의 여러 항구 사이를 신속하고 쾌적하게 오가는 쌍동선雙胴船 해상 버스 노선망이 있다. 특정 노선에서는 승객 전용 연락선과 차량 운반 연락선을 모두 이용할 수 있다. 공식 사업자 웹사이트(www.ido.com. tr)와 쌍동선 정류장에서 시간표를 확인할 수 있고 승선권을 살 수 있다.

지역 교통

【버스】

튀르키예의 도시들에는 사기업이 운행하는 민영버스와 자치체가 운행하는 공영버스가 있다. 이스탄불에만 약 400개의 버스 노선이 있고, 대다수 노선이 매일 한밤중까지 운행한다. 노선과 정류장은 일정하다. 승차권(빌레트 bilet)은 버스 종점과 정류장에 있는 판매대에서 살 수 있지만, 현재 대부분의 도시에서는 미리 일정 금액을 충전해야 하는 전자교통카드가 쓰인다. 이스탄불의 교통카드는 이스탄불카르트 Istanbulkart 로 불리고, 일부 판매대뿐 아니라 종점과 정류장의 발권기를 통해 구입할 수 있다. 이스탄불카르트는 버스, 지하철, 전차, 도시 연락선을 탈 때 쓸 수 있다. 이스탄불카르트를 이용해 여행하면 개별 교통수단의 표를 따로 구입하는 경우보다 요금이 적게 나오기 때문에 경제적이다. 다른 주요 도시들의 상황도 비슷하다. 내가 이 글을 쓰고 있는 현재로서는 코로나 19 때문에 전자교통카드를 경로 추적 코드와 연결해야 한다. 무빗 Moovit 과 구글맵 같은 스마트폰 앱은 튀르키예 곳곳에서 여정을 계획할 때 활용할 수 있다.

튀르키예를 방문하면 알게 되겠지만, 튀르키예 버스 운전사들은 버스를 험하게 몰고 갑자기 멈추는 편이다. 항상 자리에 앉아 있기 바란다. 자리가 없으면 되도록 몸이 단단히 지탱되는 곳에 서 있어야 한다. 공항과 도심지를 왕복하는 공항버스에는 대개 입석이 없다. 공항버스는 공항에 도착한 사람이 도시로 갈 수 있는 가장 저렴하고 간단한 교통수단일 때가 많다.

[미니버스]

민영 미니버스는 지역 당국에서 면허를 내준다. 미니버스 노선은 정해져 있다. 미니버스가 일반 버스와 다른 점은 승객이 지나가는 미니버스를 세우고 탈 수 있다는 것이다. 미니버스의 경우 일정한 정류장이 없고, 승객은 미니버스가 다니는 길 어디서나 타고 내릴 수 있다. 미니버스를 처음 타본 사람은 아마 뒤에 있는 승객들이 계속 중얼거리면서 돈을 앞으로 전달하는 모습에 어리둥절해질 것이다. 미니버스에서 요금을 낼 때는 일단 앞사람에게 건네면 된다. 그 사람이 또 앞사람에게 건네는 방식으로 결국 운전사에게 전달된다. 거스름돈은 요금을 전달할 때와 반대 방향으로 돌려받을 수 있다.

미니버스에서 내리고 싶을 때는 운전사가 들을 수 있도록 이렇게 말하면 된다. "이네젝 바르^{İnecek var}(여기 세워주세요)"

【돌무쉬】

돌무쉬는 특별한 합승 택시이다. 노선은 일정하고, 대체로 미니버스 노선보다 짧다. 손님이 다 차면 출발한다. 미니버스보다 요금이 조금 비싸지만 더 빠르다. 내리고 싶을 때는 미니버스의 경우처럼 "이네젝 바르"라고 말하면 된다. 단, "이네크 바르^{İnek var}!"라고 말하면 곤란하다. "이네크 바르!"는 "소가 있어요!"라는 뜻이다.

승객을 기다리는 돌무쉬 택시

【지역 페리 】

연락선은 이스탄불의 보스포루스 해협을 건너거나 이즈미르 만을 건널 때 흔히 쓰이는 교통수단이다. 이스탄불의 해상 운송은 IDO(이스탄불 해상 버스)가 담당한다. 연락선 터미널에 들어가려면 회전식 개찰구를 거쳐야 한다. 이때 아크빌을 쓰거나 터미널 입구에 있는 매표소에서 제톤이라는 토큰을 살 수 있다. 일단 페리가 정박하고 승객들이 배에서 내리면 부두로 향하는 문이 열린다. 이때 현지의 튀르키예인들처럼 배에서 껑충 뛰어내리지는 말기 바란다! 잠시 기다렸다가 폭이 좁은 판자 수준의 이동식 다리를 이용하기 바란다. 페리에서는 좋은 날씨와 멋진 풍경을 즐길 수 있고, 차와 시미트(겉에 참깨를 뿌린 고리 모양의 빵), 혹은 뜨거운 사흐렙(난초 뿌리를 갈아 만든 차)을 마실 수 있을 것이다.

이스탄불에는 보스포루스 해협의 연안과 마르마라해의 해안선을 왕래하는 해상 버스(고속 쌍동선) 노선망도 있다. 해상 버스는 정기 페리보다 운항 횟수가 적고 요금이 더 비싸지만, 속도가 더 빠르고 좌석이 더 쾌적하며 승선과 하선이 확실히 더 안전하다.

연락선을 타고 보스포루스 해협을 건너는 승객들

【택시】

주요 도시의 공인 택시는 모두 노란색이고, T자로 시작하는 번호판이 달려있다. 공항의 공인 택시 승차장에서는 고급 택시에 해당하는 푸른색이나 검은색의 소형승합차가 눈에 띌 것이다. 고급 택시는 요금이 더 비싸지만, 승객을 더 많이 태우고 짐을 더 많이 실을 수 있다. 시내에서는 비탁시^{BiTaksi}나 우버 같은 택시 호출 앱을 쓰거나 택시 승차장인 두라크^{durak}를 이용하거나, 여러분이 머물고 있는 사무실, 호텔, 식당 등의 안내원이 불러주는 택시를 타는 편이 가장 좋다(우버는 2019년에 영업이 금지되었으나 2021년에 튀르키예 당국의 허락으로 시장에 재진입했다). 길가에서도 택시를 잡을 수 있다. 이때는 운전사가 미터기를 돌리는지 꼭 확인해야 한다.

통상적으로 승객은 뒷좌석에 탄다. 승객이 두 명 이상이고 여자가 포함된 경우에는 여자는 뒷좌석에, 남자는 앞좌석에 앉는다. 모든 택시에는 사아트(미터기)가 있어야 한다. 승객은 거리와 시간에 따라 요금을 낸다. 교통이 정체될 때는 미터기가 계속 똑딱거릴 것이다(대도시에서는 흔한 일이다). 운전사에게 주는 팁은 요금의 10%가 보통이고, 통행료(미터기에 표시되지 않는다)도 승객이 낸다.

가는 길을 알면 택시 운전사에게 목적지를 말하면 되지만, 그렇지 않은 경우에는 운전사가 먼 길을 돌아갈 수도 있다. 체면 차리기는 튀르키예인의 특징이라는 점을 명심해야 한다. 예를 들어 운전사가 길을 잃은 경우 체면 때문에 그 사실을 인정하지 않을 수 있다. 대신에 행인에게 길을 물어볼 수 있다(그런데 행인이 가르쳐준 길이 맞으리라는 법도 없다. 행인도 자기가 길을 모른다는 점을 인정하려 들지 않기 때문이다). 택시 운전사는 말이 많다.

【 전차와 지하철 】

튀르키예 곳곳의 도시에서 전차와 지하철 노선이 속속 생기고 있다. 전차와 지하철은 신속한 운송 수단이지만, 아직 도시의 전지역에 노선망이 구축되지는 않았을 수 있다. 전차와 지하철은 신속하고 효율적인 교통수단이지만, 아직 도시 전체에 노선망이 구축되지 않았을 수 있다. 전차와 지하철 요금은 도시 교통카드로 결제할 수 있다. 6세 이하의 어린이는 무료로 탈 수 있다.

열차가 금각교(Haliç Bridge, Golden Horn Bridge)를 거쳐 할리치 지하철역에 도착하고 있다.

전국 여러 도시에서 전동 스쿠터를 빌려 탈 수 있다.

이스탄불에서는 마르마라이^{Marmaray} 지하철 열차가 보스포루스 해협 밑을 오간다. 이즈미르에서는 이즈반^{İzban} 열차가 공항과 셀추크^{Selçuk} 같은 인근 도시들을 연결한다.

【공유 자전거와 스쿠터】

전 세계의 다른 도시들처럼, 튀르키예 곳곳의 여러 도시들에서도 자전거와 전동 스쿠터 공유 제도가 시행되고 있다. 사용하고 싶은 스쿠터나 자전거 관련 앱을 내려받은 뒤 등록하고 타러 가면 된다. 도로를 주행할 때 전동 스쿠터의 제한 속도는 시속 50km이다. 전동 스쿠터 운전 연령은 18세 이상이지만, 오토바이 면허가 있는 경우 16세 이상이면 전동 스쿠터를 운전할 수 있다.

숙박

각 도시에는 다양한 호텔과 저렴한 판시욘(게스트하우스나 호스텔)이 있다. 아주 작은 규모의 도시에도 최소한 1성급 호텔부터 3성급 호텔까지 있다. 요금은 정해져 있지만, 흥정도 가능하다. 숙박료에는 세금KDV과 아침 식사(카흐발트)가 포함(다힐)된다. 튀르키예 전역에서 에어비앤비가 영업한다. 호텔 숙박비 흥정 내역은 예약 사이트에서 확인할 수 있다.

작은 도시의 하급 호텔에 머물 때는 숙박을 결정하기 전에 객실의 설비가 제대로 작동하는지 확인하기 바란다. 손님이 객실을 먼저 보여달라고 요청하는 것이 보통이다. 4성급과 5성급 호텔에는 위성 TV, 회의실, 인터넷 같은 사무용 편의시설이 완비되어 있다. 그리고 스포츠센터와 레저센터까지 갖추고 있다.

소형 냉장고와 객실 전화기는 이용 요금이 비싸다는 점을 기억하기 바란다.

체크인을 할 때는 신분증(보통은 여권)을 보여줘야 할 것이다. 투숙 절차를 밟을 때 요금을 지불하지 않으면, 호텔 측은 손님이 객실을 비우면서 요금을 정산할 때까지 손님 신분증을 보관할 것이다.

건강

튀르키예에 머무르는 동안 지켜야 할 몇 가지 건강 수칙이 있다. 일반적으로 수돗물이나 거리에서 물주전자에 담아 파는 레모네이드나 물을 마시지 말기 바란다. 병에 담긴 물이 가장 좋다. 가정집이나 고급 호텔이나 식당에서 먹는 경우가 아닌 한 샐러드처럼 익히지 않은 요리는 피하는 것이 상책이다. 심한 상처를 입었을 때는 파상풍 주사를 맞아야 한다. 간염과 에이즈를 조심하기 바란다. 튀르키예에서는 간염과 에이즈에 대한 경각심이 약하다.

일사병에 걸려 혈압이 떨어지고 현기증이 날 때 효과적인 처치법은 요구르트음료인 아이란을 마시는 것이다. 아이란은 염도가 높기 때문이다.

민간 영역에서는 수준 높은 의료 서비스를 받을 수 있다. 도시에는 민간 병원과 진료소가 있다. 농촌 지역에서 병에 걸렸을 때는 가장 가까운 도시의 병원을 찾아가는 편이 상책이다. 민간 병원은 최첨단 의료 장비를 갖추고 있고, 많은 의료인들이 외국 유학파 출신이다. 그들은 최신 치료법에 대해 잘 알고 있고, 영어나 독일어를 유창하게 구사할 수도 있다. 주립 병원은 점점 나아지고 있지만, 비교적 규모가 작은 주의 주립 병원은 조심해야 한다. 구급차 서비스는 민간 영역에 속한다. 흔히 각 병원에서 구급차 서비스를 운영하고 있다. 따라서 구급차가 현장에서 가장 가까운 병원이 아니라 소속 병원으로 환자를 이송하는 경우도 있다. 응급실은 튀르키예어로 아질 세르비스Acil Servis이다. 의료보험증을 지참하는 것이 좋다. 병원 로비에서 의료보험증을 보여주면 된다. 외국 의료보험증이 있는 사람은 병원에서 일단 신용카드로 진료비를 납부하면서 영수증을 받은 뒤 나중에 보험금을 청구하면 된다.

대도시에서는 대체로 처방전 없이 여러 가지 외국산 약품을 구할 수 있다. 따라서 약국(에즈자네)에서도 외국산 약품을 구입할 수 있다. 약사는 환자의 혈압이나 콜레스테롤 수치를 재거나 주사를 놓을 수 있다.

구급차 호출 전화번호는 112번이다. 하지만 전화 교환원이 영어를 할 줄 안다는 보장은 없다. 민간 병원도 자체 구급 서비스를 운영한다. 민간 병원의 구급 서비스 관계자들은 영어를 더 잘 구사할 것이다.

【 코로나 19 】

2020년, 코로나 19가 튀르키예에 들이닥쳤을 때, 정부는 코로나 19의 확산을 통제하기 위한 여러 가지 조치를 내놓았다. 이 글을 쓰고 있는 지금, 관광객들이 튀르키예에 입국하려면 백신접종증명서나 확진 후 회복증명서나 PCR검사 음성확인서를 제시해야 한다. 그렇게 입국한 관광객에게는 정부의 코로나 경로 추적 앱인 하야트 에베 스아르HES를 통해 입출력되는 QR코드가 제공된다(하야트 에베 스아르는 "집에서도 생활이 가능하다"라는 뜻이다).

안전

예의바르게 차려입고 행동하는 여행자들에게 튀르키예는 여느 나라만큼 안전할 것이다. 대개의 경우 강력 범죄는 일정한 원인에 의해 발생한다. 대다수 강력 범죄는 심각한 모욕에 따른 보복이나 치정에 의한 범죄이다. 하지만 경쟁 상대인 팀 간의 축구 경기 이후 폭력 사태가 벌어지기도 한다.

미국이나 유럽의 대도시에 살다가 이스탄불로 건너온 외국인 여성들은 이스탄불의 밤거리가 더 안전하게 느껴진다고 자주 말한다. 그래도 여행 중인 외국인 여성 한두 사람이 밤늦게 다닐 때는 시선을 끄는 행동을 하지 않는 것이 가장 좋다. 그런 행동은 자칫 남성 동반자를 원하는 듯한 신호로 비춰질 수 있다. 조심하면 안전하다.

대체로 튀르키예 남자들은 자기가 모르는 여자들과의 교류에 익숙하지 않다. 학교와 직장에서 남녀가 뒤섞여 어떤 활동을 진행하는 경우가 흔하다. 그러나 자기 가족이나 사교 모임을 통해 이미 알고 있는 사이가 아닌 경우에 튀르키예 남자가 여자에게 많은 관심을 표시하는 것은 부적절한 행동이다. 그런데 튀르키예 남자들은 외국인 여자가 구애를 쉽게 받아들일 것으로 생각할 수 있다. 불편한 느낌이 들면 주변의 다른 튀르키예인들에게 그 사람의 친절이 부담스럽다고 말하기 바란다. 그들은 그 난감한 상황에 대처하는 요령을 알고 있을 것이고, 기꺼이 도와줄 것이다.

튀르키예 남자들이 바람둥이로 불리는 데는 타당한 이유가 있다. 만약 여러분이 튀르키예 남자와 둘이서만 외출하면 그 남자는 여러분이 구애에 넘어올 것이라고 여길 가능성이 있다. 바닷가의 휴양지나 관광지에는 돈을 받고 차에 태워 시내 구경을 시켜주면서 생계를 꾸려가는 튀르키예 남자들이 일부 있다.

테러 행위와 관련한 상황은 금세 바뀔 수 있다. 튀르키예로 여행을 떠나기 전에 본국 정부를 통해 최신 정보를 습득하고, 일단 입국한 뒤에는 현안을 꼼꼼히 챙기기 바란다. 장기 체류자들은 자국 대사관이나 영사관에 등록해 최신 정보를 얻어야 한다.

관광지와 시장에서는 소매치기를 당할 수도 있다. 정신을 어지럽히거나 뒤를 따라오려고 하는 사람들을 조심하기 바란다. 지갑이나 현금을 노리는 좀도둑일지 모른다. 가끔 길거리에서 환전해주겠다며 접근하는 사람이 있을 것이다. 거절이 상책이다. 위조지폐로 바꿔주는 경우가 많기 때문이다.

긴급 상황이 벌어졌을 때는 155번으로 전화를 걸어 경찰에 신고하면 된다.

08

비즈니스 현황

튀르키예인들은 나쁜 소식을 전하기를 꺼린다. "견본을 놔두고 가시면 테스트를 거친 뒤 다음 달에 주문하겠습니다"라는 말을 들었다고 가정해보자. 이 말은 진실일 수도 있지만, "너무 비싸고 품질이 낮지만, 굳이 사실대로 말해 귀하의 기분을 상하게 하고 싶지는 않군요"라는 뜻일 수도 있다.

사업 환경

튀르키예는 급속도로 발전하는 나라이다. 주요 도시에는 세련된 시설이 즐비하다. 튀르키예 경제는 예전에 농업, 석탄과 대리석 같은 원자재의 채광 및 채굴, 단순한 제조업 등을 기반으로 삼았지만, 지금은 훨씬 더 다변화되었다. 여전히 대추야자, 무화과, 견과, 감귤 같은 작물과 대리석 같은 원자재의 주요 수출국인 튀르키예는 직물과 자동차 생산 분야의 세계적인 선두 주자 가운데 하나이고, 서비스업 부문도 점점 성장하고 있다.

튀르키예인들은 무척 친절하다. 튀르키예인 사업 파트너는 여러모로 잘 배려해줄 것이다. 튀르키예는 국제 관행에 익숙한 나라이고, 주요 도시의 많은 호텔과 식당과 사무실의 수준은 서양에 버금갈 정도로 훌륭하다.

통상적으로 근무일은 월요일부터 금요일까지, 근무시간은 오전 9시부터 오후 6시까지이다. 상점은 늦게까지 영업하고, 토요일과 일요일에도 문을 연다. 휴가는 주로 7월과 8월에, 그리고 희생절과 라마단 공휴일이 포함된 주에 떠난다.

세속적 가치를 지향하는 사람들과 종교적, 보수적 가치를

이스탄불의 레벤트 업무 지구

고수하는 사람들로 갈라진 튀르키예 사회의 양극화는 사업 분야에서도 뚜렷하게 드러난다. 보수적인 성향의 인물이 소유한 기업은 세속적인 성향의 인물이 소유한 기업과 분위기가 다를 것이라는 사실을 명심하기 바란다. 이 같은 차이는 사업 관련 행사에서의 음주 여부나 두건 착용 여성에 대한 태도 같은 분명한 쟁점들보다 더 깊은 차원의 문제이다. 이슬람식 금융 제도의 이용, 고객에 대한 이자 청구 여부, 기업의 사회적 책임을 둘러싼 서로 다른 개념 따위를 비롯한 기업 운영의 전체적인 기조를 좌우한다. 튀르키예에서는 인맥과 인간관계가 무척 중요하기 때문에 종교적이든 세속적이든 간에 가치체계를 서로 공유하는 기업들끼리 계약을 맺고 거래할 가능성이 더 높은 편이다.

사무 예절과 의례

튀르키예인들과 사업을 할 때는 그들의 핵심 가치를 명심할 필요가 있다. 튀르키예인들에게는 자신뿐 아니라 상대편의 명예와 체면을 지키는 것이 가장 중요하다. 그들은 사람과 인간관계를 시간보다 더 중시한다. 교제는 성공의 열쇠이다. 인맥은 사업의 발판이다. 많은 외국인들은 튀르키예에서 이런 방식으로 사업이 진행된다는 점을 모른다. 인간관계를 맺는 데 쓰인 시간은 낭비한 것이 아니다. 그 시간은 미래의 성공으로 향하는 문을 열어준다.

인맥을 구축하는 최선의 방법은 이미 훌륭한 인맥을 확보해놓은 사람과 인간관계를 맺는 것이다. 그 사람과 친해지면 나중에 그 사람이 다른 사람들에게 여러분을 친구로 소개할 것이다. 이 첫 번째 인간관계를 맺으려면 상대편을 알아가는 시간을 투자하고, 그 사람에게 정기적으로 전화하며, 안부를 묻고, 그 사람에게 이런저런 도움을 줘야 한다.

무역 박람회 같은 행사가 좋은 출발점이 될 수 있다. 튀르키예에는 무역 박람회가 많이 열린다. 무역 박람회는 잠재적 고객이나 협력자나 배급업자를 만날 수 있는 기회이다. 그런 기회를 최대한 활용하고, 거기서 만난 사람에게 전화를 재빨리, 그리고 꾸준히 걸어 인간관계를 한층 더 다져나가기 바란다. 또 하나의 유용한 방법은 정부 기관이나 각국의 상공회의소가 구성하는 경제사절단에 합류하는 것이다. 튀르키예에서는 사업가들이 인맥을 쌓기 위해 링크드인LinkedIn도 널리 사용한다. 왓츠앱WhatsApp과 시그널Signal과 텔레그램Telegram도 많이 쓰인다. 튀르키예인 친구가 여러분을 특정 그룹에 추가해주면 마음이 맞는 사람들을 만날 기회가 생긴다. 일부 그룹의 회원 접속량이 너무 많으면 공지 사항 설정을 꺼둘 수도 있다. 튀르키예인들은 존중과 예우를 중시하기 때문에, 그룹의 한 회원이 올린 소식에 대해 축하하거나 동정하는 글을 올리는 회원들이 많을 것이다.

【 업무용 명함 】

업무용 명함이 아직 널리 쓰인다. 업무용 명함에는 흔히 연락처와 소셜미디어 주소가 적혀 있다.

다국적기업에서 일하는 사람들은 2개국어로 작성된 명함(한쪽 면에는 튀르키예어, 반대쪽 면에는 영어로 직위와 나머지 세부사항이 적혀 있다)을 사용할 것이다. 사람들이 업무용 명함을 내밀면 공손하게 받기 바란다.

여러분이 사업상의 이유로 접촉하는 튀르키예인은 아마 명함 뒤쪽에 가위표를 해놨을 것이다. 그것은 업무용 명함 뒤쪽에 누군가에게 약속한 금액을 적어두는 습관에서 비롯된 관행이다. 가위표는 그 금액을 지운 흔적이다.

【 사업상의 선물 】

사업상의 선물은 바이람(공휴일)에 건넨다. 선물은 일반적으로 도안 글자를 붙인 수첩, 책상용 문방구 세트, 선물 바구니에 담은 고급 식품이나 보존식품 등이 적당하다.

회의

전문 사업가들의 회의는 시간 엄수가 필수적이다. 그러나 이스탄불의 변덕스러운 교통 상황 때문에 약간 늦을 때는 전화로 양해를 구하면 용납된다. 사업상 회의는 주로 차를 마시면서 참석자들의 건강, 그들의 가족, 전반적인 사업 상황, 경제, 국제 정세 등을 소재로 나누는 한담으로 시작된다. 그렇게 10~15분이 지나면 본격적인 회의에 돌입한다. 상대방인 튀르키예인이 주제를 꺼낼 때까지 기다리기 바란다. 조금 있다가 여러분의 회사, 상품, 서비스, 경쟁사 등에 관해 상세히 물을 것이다. 이 시점이 바로 사업 이야기를 시작할 적당한 순간이다.

공식 호칭이 쓰인다. 전문 사업가 간의 회의에서는 절대로 성을 빼고 이름만 부르는 일이 없어야 한다. 튀르키예인 사업가들은 일반적으로 상대방의 이름에 '양Miss'이나 '씨Mr.'를 붙인다. 여러분의 성명이 '존 스미스'라면 여러분을 '스미스 씨'가 아니라 '존 씨'로 부를 것이고, 결코 '존'이라고 부르지 않을 것이다. 여러분은 아흐메트 베이라는 튀르키예인 남자나 아이셰 하늠이라는 튀르키예인 여자를 '아흐메트 씨'나 '아이셰 양'으로 부를 수 있고, '아흐메트 베이'나 '아이셰 하늠'으로 불러도

된다. 튀르키예어로 말할 때는 설령 상대방을 잘 알고 있어도 단수 평칭인 센^{sen}(너)이 아니라 단수 존칭인 시즈^{siz}(당신)를 쓰기 바란다.

의례가 중요하다. 튀르키예에는 엄격한 위계질서가 있다. 자기보다 직위가 높은 사람을 존중해야 한다. 튀르키예 경제계에서 차지하는 체면의 중요성은 아무리 강조해도 지나치지 않다. 절대로 윗사람에 관한 부정적인 내용을 아랫사람에게 말하지 말기 바란다. 누군가를 동료들 앞에서 나무라지 말아야 한다. 관리자가 직원의 잘못을 바로잡아줄 때는 남들이 없는 자리에서 하는 것이 더 효과적이다.

사람들이 서로 대화를 나누고 있는 상황에서 말을 끊거나 잘못을 지적하는 것은 매우 무례한 행동이다. 대화가 끝날 때까지 공손하게 기다린 뒤 여러분의 의견을 밝히기 바란다. 튀르키예인들은 두 사람이 동시에 말문을 열었을 때는 서로 사과한 뒤 상대방에게 발언권을 양보하려고 할 것이다.

협상을 진행할 때는 어느 정도 양보할 수 있는 하한선을 미리 정해둬야 한다. 협상에는 양보가 있기 마련이고, 양보는 타협의 윤활유가 될 수 있다. 엄격한 마감 기한과 압박 전술은 금물이다.

사업용 복장 수칙

사무실에서는 말쑥한 정장을 착용해야 한다. 유명 디자이너 상표의 정장이 보편적이다. 여성들은 바지를 자주 입는다. 서구화된 일부 튀르키예 기업들은 일주일 내내, 혹은 금요일에 '평상복 근무'를 허용하지만, 회의에서는 사업용 복장을 요구할 가능성이 있다. 확실하지 않으면 정장을 입는 편이 낫다.

　누군가의 집에서 사업상의 회의가 열릴 때는 편하게 입으라

전형적인 정장을 차려입은 이스탄불의 사업가

는 통보를 받을 것이다. 이때는 유명 디자이너 상표의 옷, 폴로넥 셔츠, 면바지, 적당한 신발 같은 '단정하고 편안한 옷차림'을 갖추면 된다. 허름한 티셔츠, 평범한 청바지, 운동화 등은 곤란하다.

솔직함과 상호 협조

튀르키예인이 생각하는 정직의 개념은 외국과 다른 경우가 있다. 체면이 중요하기 때문이다. 튀르키예에서는 상사의 위신을 세워주려고 선의의 거짓말을 할 수 있다. 상사가 교통 체증 때문에 출근이 늦어져도 부하 직원은 여러분에게 "아이셰 하늠 부장님은 지금 통화 중입니다"라고 말할 수 있다. 이때는 진실을 알고 있다는 내색을 하지 말아야 한다. 자칫 아이셰 하늠 부장뿐 아니라 부하 직원의 체면을 깎아버리는 행동이 될 수 있기 때문이다.

이러한 원칙은 예를 들면 다음과 같은 두 가지 방향으로 작용한다. 튀르키예인들은 여러분이 약속을 지킬 수 없을 것이라고 판단하면서도, 혹은 여러분의 요구가 지나치다고 생각하면서도 굳이 내색하지는 않을 것이다. 여러분의 체면을 세워주고 싶기 때문이다. 따라서 튀르키예인을 상대할 때는 혹시 궁금하거나 의심스러운 점이 있는지 물어보는 것, 그리고 그들이 진심을 털어놔도 여러분이 기분 나빠하지 않을 것이라는 확신을 심어주는 것이 중요하다.

"모르겠습니다"라는 대답은 약점으로 치부된다. 튀르키예인들은 잘 모르면서도 일단 막연한 대답을 내놓을 가능성이 있다. 이런 행태는 남들과 함께 있는 경우에 특히 두드러진다. 만약 여러분의 눈에 이런 모습이 감지되면 나중에 담당자보다 더 높은 직위에 있는 사람에게 물어보면 된다. 혹은 담당자에게 편지나 전자우편을 보내 정확한 내용을 알아봐달라고 부탁해도 된다.

튀르키예인들은 나쁜 소식을 전하기를 꺼린다. 예정된 제품이나 보고서의 진척 상황에 관해 문의하면 아마 그들은 이제 막 일을 시작했어도 "거의 다 됐습니다"라고 답할 것이다. 여러분이 회의를 마치고 나올 때 "견본을 놔두고 가시면 테스트를 거친 뒤 다음 달에 주문하겠습니다"라는 말을 들었다고 가정해보자. 이 말은 진실일 수도 있지만, "이것은 너무 비싸고 색깔이 안 맞고 품질이 낮지만, 굳이 사실대로 말해 귀하의 기분을 상하게 하고 싶지는 않군요"라는 뜻일 수도 있다. 따라서 아무리 기다려도 주문이 오지 않을 수 있다.

되도록 은혜를 갚기 바란다. 튀르키예 문화에서는 상호주의가 장려된다. 누군가에게 도움을 받았으면 나중에 그 사람에게 도움이 필요할 때 도와줘야 한다. 사업 세계에서 영향력 있는 인맥을 활용하는 것은 일상사이다. 변호사나 회계사 같은 상담역과 사업 파트너를 고를 때는 최대한 넓은 인맥을 통해 물색하는 것이 현명하다.

규제

튀르키예에서 사업을 할 때 피할 수 없는 세 가지 요소는 관료제, 규제, 형식주의적 절차이다. 튀르키예는 스위스 민법을 따른다. 즉 어떤 일이 법에 명확하게 규정되어 있지 않는 한 그 일을 행할 수 없다. 튀르키예의 상법에는 온갖 종류의 일에 대한 상세한 규정이 담겨 있고, 정부 부처가 공포한 다수의 규제 조항은 법률적 효력을 띤다.

회사 설립에서 전화 가설에 이르기까지 당국에 어떤 일을 신청할 때는 상세한 서류가 필요하다. 이때 서류는 공증인이 하는 경우가 많다. 모든 신청에는 신청서 혹은 진정서인 딜렉체^{dilekçe}를 함께 제출해야 한다. 딜렉체는 정해진 형식에 따라 작성해야 한다. 흔히 관청 주변에는 딜렉체 작성자들이 있다. 그들은 정확한 절차를 잘 모르는 사람들을 대신해 낡은 수동 타자기로 딜렉체를 작성해준다. 근처에는 복사 가게와 사진관이 있다. 대부분 신청에는 여권 크기의 사진이 최소한 다섯 장 필요하다. 해당 크기의 사진을 많이 갖고 가야 한다.

같은 일을 처리할 때도 공무원들은 각자 다른 양식의 서류를 요구할 것이다. 관청에는 필요한 서명과 인지를 받으려고 줄 서서 기다리는 사람들로 가득하다. 겨우 소포 하나를 수령하기 위해 주요 우편물 분류소에서 여섯 가지 서명을 받고자 여섯 번 줄을 서야 할지도 모른다. 그래도 공무원과 다투지 말기 바란다. 서명 여부는 담당 공무원의 손에 달려 있다. 자칫 공무원에게 이의를 제기하면 여러분의 서류는 서류철 맨 밑으로 향할 것이다. "공식 인장을 가진 자가 솔로몬의 힘을 갖는다"라는 튀르키예 속담이 있다.

일부 절차들은 간소화되었고, 정부의 온라인 웹사이트인 www.turkiye.gov.tr을 통해 처리될 수 있다. 이를 이용하면 시

튀르키예의 기업인 겸 전자상거래 선구자 한자데 도안 보이네르(Hanzade Doğan Boyner)

간이 절약된다. 특히 월별 납세 같은 정기적인 업무를 처리해야 할 때 더욱 그렇다. 그러나 사업과 관련한 여러 가지 일을 처리하다 보면 관료들을 상대하기 마련일 것이다.

여성 경영자

경영진에 속한 여성들에 대한 반응은 좋다. 남성 방문객들은 그들을 공손하고 예의바르게 대해야 한다. 과도한 시선 맞추기도 삼가고, 악수도 여성이 먼저 손을 내미는 경우에만 해야 한다. 신앙심이 깊은 여성에게는 신체 접촉을 피해야 한다.

리더십과 의사결정

전통적으로 튀르키예 회사들은 '하향식'으로 운영된다. 튀르키예 직장의 구세대 상사들은 격식을 따지고, 별로 하는 일도 없이 지시를 내리기 일쑤이다. 중간 간부들은 서류를 검토하고 도장을 찍는다. 그들은 소유주의 가족일 수 있고, 궂은일을 하려 들지않는 편이다.

다행히 많은 회사들이 현대적인 경영 기법을 수용하고 있다. 서양의 경영학 권위자들이 집필한 책이 날개 돋친 듯이 팔리고, 대규모 회의장은 인산인해를 이룬다. 하지만 공공 기관과 일부 나이 든 경영자들에게는, 그리고 직원들의 행동에 반응하는 모습에는 아직 구태가 남아 있다.

경영진과의 대립을 피하기 위해 튀르키예인 직원들은 난감한 상황을 최소화하는 방식으로 대응할 것이다. 튀르키예인 직원들이나 동료들은 여러분이 싫어할 듯한 의견을 내놓지 않을 것이다. 그리고 여러분의 잘못이 있어도 체면을 지켜주려고 입을 다물 것이다. 외국인 관리자는 부하 직원들의 진심 어린 피드백을 좀처럼 얻기 힘들 것이다. 예를 들어 여러분이 A에게 전화를 걸도록 B에게 시킨다고 가정해보자. B는 A가 부재중이라는 사실을 알고 있다. 그러나 여러분이 그렇게 하라고 지시를 했기 때문에 B는 남들이 있는 자리에서 그 사실을 말하지 않고, 불필요한 전화를 걸 것이다.

프레젠테이션과 경청 방식

워크숍이나 교육 연수는 진지하고 격식을 차리는 행사에 가까운 편이다. 전반적으로 튀르키예인들은 시간이 길수록 효과가 좋다고 생각하는 경향이 있다. 공식 프레젠테이션은 그저 낭독될 뿐이고, 내용은 무미건조할 것이다. 일반적으로 튀르키예인은 발언을 할 때 서양인에 비해 농담이나 '요령'을 활용하는 경우가 적고, 자신이나 동료가 조명되지 않는 사례를 거론하는 경우가 드물다. 부하 직원은 상급자의 말에 귀 기울여야 하고, 중간에 끼어들지 말아야 한다.

팀워크와 경영진

천천히 움직이기 바란다! 팀의 일원으로서 동료들의 신뢰를 얻은 뒤 변화를 제안해야 한다. 모든 사람의 말에 귀 기울이고, 그들의 생각을 존중해야 한다. 타인의 의견을 공개적으로 무시하면 곤란하다. 그렇게 하면 상대방은 공개적인 자리에서 또 망신을 당할까 봐 자신의 생각을 드러내지 않을 수 있다.

결국 상사가 칼자루를 쥐고 있다. 경영자는 최종 결정을 내릴 명확한 권한을 갖고 있고, 팀원들은 이견이 있어도 경영자의 말을 따를 것이다. 직원들은 홀로 빛나는 별이 되는 것보다 팀의 단결과 성공에 더 관심이 많다. 이런 인식에는 장단점이 있다. 예를 들어 어떤 문제가 생기면 책임질 사람을 지목하기가 어려울 것이다. 반대로 누군가가 팀의 결정을 비판하면서 따로 움직이게 되면 팀의 단결이 깨질 것이다.

계약서

튀르키예에서 사업을 진행할 때 신뢰는 필수적인 요소지만, 뭐

니뭐니 해도 계약서가 왕이다. 계약서는 스위스 민법과 튀르키예 상법을 토대로 삼고, 튀르키예어로 작성된다. 외국 회사들은 튀르키예의 거대한 관료제를 경험할 수밖에 없다. 여러분에게는 인내심과 튀르키예인 변호사 및 회계사의 도움이 필요할 것이다. 튀르키예에는 지방정부 차원에서 내리는 뜻밖의 결정이 많고 법률과 규제 조항도 자주 바뀌기 때문이다. 튀르키예에서는 개인적 인간관계가 중요하기 때문에 서명이 이뤄진 뒤에도 시간과 인내심이 필요하다. 담당자와 자주 접촉하는 태도가 필수적이다. 갈등이 빚어진 경우에는 중재자를 통해 문제를 해결하고 법적 소송을 피하기 바란다. 소송은 몹시 지루한 과정일 수 있다. 법정에 섰을 때는 계약서가 판결을 좌우하는 열쇠일 것이다.

부패

크고 작은 부패는 아직 튀르키예에서 문제로 남아 있다. 그래도 요즘 들어 부패는 감소세를 보인다. 저작권 침해도 심각한 문제이다. 국제투명성기구[TI]의 부패인식지수[CPI]에 따르면 2012

년에 튀르키예는 0점(매우 부패)에서 100점(매우 청렴)까지의 범위에서 54점을 기록했다. 튀르키예 정부의 반부패 전략으로 다수의 공무원들이 추방되고 있다.

09

의사소통

튀르키예인들은 일반적으로 감정이 풍부하고 무척 촉각 지향적이다. 남녀끼리는 신체 접촉을 삼가는 경향이 있지만 동성끼리는 서양인들보다 더 신체 접촉이 많다. 두 남자가 서로의 볼에 입을 맞추면서 인사를 하는 것은 자연스럽고 적절한 행동으로 간주된다. 또한 동성끼리 팔짱을 끼거나 손을 잡은 채 걸어가기도 할 것이다.

튀르키예인과 외국어

교육 수준이 높은 튀르키예인들은 영어가 유창할 것이다. 그들 중 일부는 문법적으로 원어민보다 더 정확한 영어를 구사한다. 14세 이후로 영어만 쓰는 학교에 다니는 튀르키예 학생들이 많다. 독일어나 프랑스어에 능통한 사람들도 있다.

튀르키예인들은 끈기가 있고 붙임성이 좋다. 그들은 회의에서 여러분이 소외감을 느끼지 않도록 영어를 쓸 것이다. 심지어 어린이를 통역사로 삼기도 할 것이다.

튀르키예어 발음

튀르키예어 단어는 다음의 예외를 제외하고 영어와 비슷한 방식으로 발음된다. 아래를 참고하면 좋다.

ı는 영어 woman의 'o' 발음과 같다.

ç는 영어 church의 'ch' 발음과 같다.

c는 영어 jam의 'j' 발음과 같다.

ö는 프랑스어 veut의 'eu' 발음과 같다.

ş는 영어 wish의 'sh' 발음과 같다.

ğ는 영어 yellow의 'y' 발음과 같다.

ü는 프랑스어 rue의 'u' 발음과 같다.

몸짓 언어

튀르키예인들은 대체로 감정이 풍부하고 무척 촉각지향적이다. 하지만 핵심을 놓치지 말기 바란다. 남녀끼리는 신체 접촉을 삼가는 편이다. 그런데 동성끼리는 서양인에 비해 신체 접촉이 더 많다. 남자끼리 서로의 볼에 입을 맞추며 인사하는 것은 자연스럽고 적절한 행동으로 여겨진다. 또한 동성끼리 팔짱을 끼거나 손을 잡은 채 걸어가기도 할 것이다. 그런 행동에는 성적 의미가 전혀 담겨 있지 않다. 친구들은 우정을 세심하게 키워나가고 유지한다. 친구끼리의 신체 접촉은 존중의 표시이다. 튀르키예인들은 많은 서양인들이 편안해하는 거리보다 더 가까이 서 있거나 앉아 있는 편이다. 다음은 튀르키예에 머무는 동안 알아둬야 할 가장 중요한 신체적 의사표현들이다.

몸짓, 손짓, 금기

튀르키예인들이 "아니요"라는 뜻을 나타내는 방법은 다음과 같다. 혀를 쯧쯧 찬다. 눈썹을 들어올린다. 혀를 쯧쯧 차면서 눈썹을 들어올린다. 혀를 쯧쯧 차면서 눈썹을 들어올리는 동시에 고개를 쳐든다. 뒤로 갈수록 부정의 의미가 뚜렷해진다.

- 고개를 끄덕이는 것은 "예"라는 뜻이다.
- 머리를 흔드는 것은 "확실하지 않습니다"라는 뜻이다(만약 여러분이 머리를 흔들면 튀르키예의 점원은 계속 수다를 늘어놓으면서 결정을 재촉할 것이다).
- "모르겠습니다"라는 의미를 나타낼 때는 어깨를 으쓱한다.
- 손바닥을 위로 향한 채 양손을 들어 올리면서 어깨를 으쓱하는 것은 "어떻게 해야 하지?"라는 의미이다.
- 음식을 만든 사람이나 전문 요리사에게 음식이나 요리가 맛있다고 말하고 싶을 때는 엄지손가락의 끝을 나머지 손가락의 끝에 대면서(이때 손바닥은 위로 향한다) 손을 위아래로 흔든다.
- 음식을 공손히 거절할 때는 손바닥을 가슴에 댄다. "괜찮

습니다"라는 뜻이다.

- 마수걸이를 했을 때 가게 주인은 턱에 동전을 문지른다.
  "신께서 축복을 내려주시고, 더 많이 팔게 해주세요"라는
  뜻이다.

- 양손을 서로 슬쩍 문지르면서 터는 것은 일이 끝났다는 의
  미이다.

- 어떤 사람이나 물건, 일을 좋아하지 않는다는 뜻을 드러낼
  때는 목깃을 흔든다.

- 아이들에게 주의를 줄 때는 집게손가락을 흔들면서 "세니 세니seni seni"라고 말한다(직역하면 "너 너", 즉 "에비!"라는 뜻이다).

- 아이들을 불러낼 때는 손바닥을 아래로 향한 채 손을 뻗고 손가락을 접었다폈다 하면서 다음과 같이 말한다. "겔 겔gel gel(이리 와)"

- 양손의 집게손가락을 나란히 모아 서로 문지르는 것은 "두 사람 혹시 연인 사이입니까?"라는 뜻이다.

- 튀르키예인들은 허풍을 떠는 사람에게 손바닥을 위로 향

튀르키예 북서부 도시 에스키셰히르에 있는 대화를 나누는 여인들의 동상

한 채 손을 빙글빙글 돌리면서 "오, 오, 오"라고 말한다. 그 사람의 말을 믿기 어렵다는 뜻이다.

- 발바닥을 드러내는 것과 다리를 꼬고 앉아 있는 것은 예의에 어긋난다. 그리고 사람들이 있는 자리에서 코를 푸는 것은 불쾌감을 주는 행동이다. 악수를 너무 세게 하는 것은 실례이다.

전화와 심카드

유선전화 서비스는 튀르크 텔레콤^{Turk Telekom}이 제공하지만, 유선전화가 아예 없는 사람들이 많다. 튀르키예인들은 휴대전화를 선호하고, 월별 데이터 요금제를 이용하는 경우가 대부분이다.

범유럽 이동통신^{GSM} 사업자들이 튀르키예의 주요 도시와 나머지 대다수 지역을 매우 훌륭하게 담당하고 있다. 튀르키예에서는 유럽의 이동통신 시스템이 쓰인다. 미국 전화기는 다중 대역이 아니면 튀르키예에서 작동하지 않을 것이다.

튀르키예 전화번호를 쓰려면 하즈르 카르트^{hazır kart}(선불 심카드^{SIM card})를 구입해 휴대전화에 끼워 넣어야 한다. 오랫동안 튀르키예에 머물 예정이면 국제번호를 쓰는 편보다 이 방법이 더 싸게 먹힐 것이다. 주요 이동통신 서비스 공급업체는 튀르크셀과 보다폰이다. 두 회사 모두 공항 입국장에 매장을 운영하고 있고, 전국적인 점포망을 보유하고 있다.

튀르키예에 4개월 이상 머물 예정이면 현지에서 전화기를 구입할 필요가 있을 것이다. 외국 전화기 등록에 필요한 고액의 수수료를 지불하지 않으면 외국 전화기는 최대 120일까지만 작동하기 때문이다.

회의 도중에, 혹은 식당에서 전화기를 켜두는 행동을 반드시 실례로 볼 수는 없다. 공중전화는 찾아보기 몹시 어려워졌고, 호텔의 경우 전화 요금이 비싸다.

국제전화를 걸 때는 00을 누른 뒤 국가 번호를 누른다. 튀르키예 국내에서 시외 전화를 걸 때는 0번을 누른 뒤 도시 번호를 누른다. 이 방식은 유럽 쪽 이스탄불에서 아시아 쪽 이스탄불로, 아시아 쪽 이스탄불에서 유럽 쪽 이스탄불로 전화를 걸 때도 적용된다. 튀르키예의 휴대전화 번호는 05로 시작한다. 휴대전화로 통화할 때는 상대방이 유선전화이면 도시 번호를 누르고, 상대방도 휴대전화이면 이동통신사업자 식별번호를 눌러야 한다.

우편

정기 우편은 별로 믿을 만하지 않다. 우편물을 부칠 때는 우체통보다 우체국을 이용하기 바란다. 우체통에 담긴 우편물이 정기적으로 수거되지 않는 경우가 있기 때문이다.

주소와 이름 같은 세부사항은 우편 봉투의 좌측 상단에 있는 튀르키예어 괸데렌('보내는 사람'이라는 뜻) 뒤에 쓴다. 튀르키예 내의 다른 지역으로 편지를 보낼 때는 성명, 마을 이름, 거리 이름, 아파트 이름, 아파트 동·호수, 도시 이름(다른 항목과 달리 들여쓰기 방식을 적용해 머리글자를 대문자로 표기하고 강조한다) 등의 순서로 받는 사람의 주소를 작성한다. 농촌의 경우 주소는 '이슬람교 사원 뒷집' 같은 식으로 모호하게 작성될 수 있다.

우편물은 늦게 도착하거나 분실될 수도 있다. 정확한 목적지에 배달되도록 하려면 등기우편을 이용해야 한다.

24시간 내내 튀르키예의 방방곡곡으로 화물을 배달할 수 있는 민간 운송회사가 더 믿을 만하다. 주요 운송회사는 아라스 Aras, MNG, 유르티치 Yurtiçi이고, 이 3개 회사는 대다수 도시의 동네마다 지점을 두고 있다.

화물과 우편물 모두, 성명, 동네 이름, 거리 이름, 아파트 이

름, 아파트 동·호수, 도시 이름(대문자로 표기하고 밑줄을 그어 강조한
다) 등의 순서로 받는 사람의 주소를 작성한다. 예를 들면 다
음과 같다.

성명 (받는 사람의 이름)

Erenköy Mah, (동네 이름)

Antalya Sok. (거리 이름)

Huzur Ap.No. 22. D.4, (아파트 이름과 동·호수)

ISTANBUL (도시 이름, 대문자로 표기하고 밑줄을 그어 강조한다)

인터넷과 소셜미디어

튀르키예 곳곳의 카페, 식당, 호텔, 대중교통수단에서 와이파
이 접속이 가능한 편이다. 와이파이 연결과 속도는 장소마다
다를 수 있지만, 대체로 와이파이 서비스를 이용할 수 있을 것
이다.

2022년 기준으로 튀르키예 인구의 약 80%가 매일 인터
넷을 사용했고, 약 75%가 소셜미디어를 활발하게 사용했다.

75%는 1년 전보다 11% 증가한 수치이다. 가장 인기 높은 소셜미디어 플랫폼은 유튜브, 인스타그램, 페이스북, 트위터, 핀터레스트, 링크드인이고, 그 뒤를 틱톡, 스냅챗, 트위치가 잇고 있다.

다른 나라들과 마찬가지로, 온라인에서의 증오 발언과 테러 지지는 범죄행위이다. 튀르키예에서는 정부 비판도 문제가 될 수 있다. 이따금 인터넷 서비스가 중단되거나 법원의 명령으로 특정 사이트가 폐쇄될 것이다. 위기나 테러 위협 상황에서는 정부가 인터넷을 차단할 수도 있다.

텔레비전

텔레비전 수상기는 튀르키예 가정의 중요한 특징이다. 일부 가정, 그리고 여러 상점과 식당에서는 하루 종일 텔레비전이 켜져 있다.

네 개의 국영 채널과 다수의 민영 채널이 뉴스, 다큐멘터리, 음악, 오락, 교육, 드라마, 영화 같은 다양한 프로그램을 제공한다. 튀르키예판 CNN을 비롯한 몇몇 채널에는 지역 단위에서

제작한 프로그램이 나온다. 그 밖의 채널은 튀르키예어로 재녹음한 외국 프로그램과 영화를 방송한다. 일부 채널은 튀르키예어 자막을 입힌 외국 영화나 드라마를 원어로 내보낸다.

여러분이 좋아하는 외국 영화나 프로그램을 보다가 갑자기 잔에 담긴 포도주나 담배를 검게 가린 원이 나타나도 놀라지 말기 바란다. 튀르키예의 텔레비전에 그런 장면이 불법이기 때문이다.

신문

신문은 널리 읽히지만, 최근 몇 년 사이에 발행 부수가 감소했다. 사람들이 점점 디지털 매체를 선호하기 때문이다. 2021년 통계에 의하면 2019년에는 전국적으로 총 2,337종의 신문이 발행되었지만, 2020년에는 총 2,164종으로 줄어들었다. 가장 광범위하게 보급된 4대 전국지는 〈사바흐Sabah〉, 〈쇠즈쥐Sözcü〉, 〈휘리예트Hürriyet〉, 〈포스타Posta〉이다. 튀르키예의 다양한 사회적 지형을 대변하는 편집 방침을 따르는 영어판 전국지로는 〈휘리예트 데일리 뉴스The Hurriyet Daily News〉와 〈데일리 사바흐Daily Sabah〉가

꼼힌다. 이들 신문은 온라인에서 무료로 읽을 수 있다.

맺음말

수십 년 전부터 지금까지 튀르키예에서 벌어지고 있는 사회적 변화에도 불구하고, 연장자 공경, 권위 존중, 집단(특히 가족)에 헌신하고 의존하는 경향, 개인적 인간관계를 중시하는 태도, 명예와 체면의 중요성 같은 오래된 가치들이 여전히 사회 전반에서 굳건히 버티고 있다. 여러분이 마주치는 튀르키예인은 다들 현대 튀르키예 사회의 특정 부분과 일체감을 느낄 것이고, 그 일체감은 그들이 일상생활을 해나가는 방식을 좌우할 것이다. 세속주의자이든 종교적 보수주의자이든 간에, 여러분의 튀르키예인 친구들은 매우 집단지향적이고, 인간중심적이고, 의리 있고, 사교적이고, 무척 호의적일 것이다. 외국인 방문객을 따뜻하게 맞이하고, 여러분이 필요할 때 기꺼이 도움을 주려고 할 것이다.

반면 튀르키예인의 특성 가운데 몇 가지는 충격적인 것일지도 모른다. 튀르키예인들은 운전을 험하게 하고 항상 급하다.

그렇게 서두르면서도 시간을 잘 지키지 않고, 흔히 약속 시간보다 늦게 나타난다. 그들은 규칙과 규제를 싫어하면서도 공식적인 거래에서의 형식주의적 절차가 심각한 수준이다. 튀르키예에 갓 도착한 사람들은 언어 장벽에 시달릴 것이고, 외국인의 시선으로 튀르키예를 바라보다가 자칫 잘못된 판단을 내릴수도 있다. 그러나 이 독특하고 중요한 나라에서 여러분은 색다른 세계관의 진가를 맛볼 수 있는 기회를 만나게 될 것이다. 모쪼록 이 책이 복잡하고 풍요롭고 매력적인 사회로 향하는여정에 도움이 되었으면 한다.

유용한 앱

[의사소통과 사교]

음악회와 행사 빌레틱스(Biletix)

사전 세슬리쇠즐뤼크(SesliSözlük)

튀르키예어 배우기 윌링구아(Wilingua), 바벨(Babbel)

부동산 중개 사이빈덴(Sahibinden)

번역 구글(단, 어머 처리가 부실할 수도 있다).

[여행과 교통]

전동 스쿠터 대여 도시마다 대여업체가 다를 수 있다.

정부의 코로나 경로 추적 앱 하야트 에베 스아르(HES).

숙박 오텔즈닷컴(Otelz.com), 부킹닷컴, 에어비앤비.

네비게이션과 경로 계획 구글맵과 얀덱스(Yandex)가 가장 널리 쓰인다. 대다수 도시에는 자체 경로 계획 앱이 있다. 이스탄불의 경로 계획 앱은 모비에트(Mobiett)이다.

도시 간 버스 각 운송회사에는 고객이 시간표를 확인하고 승차권을 예매할 수 있는 자체 앱이 있다. 가장 많이 이용하는 예매 사이트는 빌레트닷컴(www.Bilet.com)이다.

도시 교통 각 도시에는 버스와 기차 등을 이용할 수 있는 자체 교통카드가 있다. 교통카드 충전은 앱을 이용하면 된다. 이스탄불과 앙카라와 이즈미르의 교통카드는 각각 이스탄불카르트, 앙카라카르트, 이즈카르트로 불린다.

택시 호출 비탁시(BiTaksi)가 업계의 선두주자이다.

공유 자전거 일부 도시에서 공유 자전거 제도가 운영된다. 이스탄불의 공유 자전거는 이스바이크(Isbike)이다.

기차 튀르키예 철도청(Tcdd)

[음식과 쇼핑]

패션 트렌디올(Trendyol), 누마라온비르(n11.). 많은 상점들이 자체 앱을 갖고 있다.

꽃과 선물 배달 치첵세페티(ÇiçekSepeti)

일반 소매 헵시부라다(HepsiBurada), 기티기디요르(GittiGidiyor)

식료품 배달 미그로스(Migros), 헵시디렉트(HepsiDirect), 게티르(Getir)

식당 음식 배달 예멕세페티(YemekSepeti)

참고문헌

Atatürk: The Birth of a Nation. Istanbul: Ministry of Culture of the Republic of Turkey/Revak, 1998.

Baer, Marc David. *The Ottomans: Khans, Caesars, and Caliphs*. Basic Books, 2021.

De Busbecq, Ogier. *Turkish Letters*. Oxford: Oxford University Press, 2001.

Eyuboğlu, Hughette. *From the Steeple to the Minaret: Living Under the Shadow of Two Cultures*. Istanbul: Çitlembik Publishers, 2004.

Finkel, Caroline. *Osman's Dream: The Story of the Ottoman Empire*. New York: Basic Books, 2006.

Freely, John. *Inside the Seraglio: Private Lives of the Sultans in Istanbul*. London: Penguin, 1999.

Haldon, J.F. *Byzantium in the Seventh Century*. Melbourne: Cambridge University Press, 1990.

Kinross, Patrick. *Atatürk: The Rebirth of a Nation*. London: Phoenix Press, 2003.

Kinzer, Stephen. *Crescent and Star: Turkey Between Two Worlds*. New York: Farrar, Straus, and Giroux, 2001.

Mansel, Philip. Constantinople: *City of the World's Desire 1453-1924*. Melbourne: Cambridge University Press, 1995.

Öktem, Kerem. *Angry Nation: Turkey Since 1989*. London: Zed Books, 2011.

Özdemir, Adil, and Kenneth Frank. *Visible Islam in Modern Turkey*. London: Macmillan Press Limited, 2000.

Pamuk, Orhan. *Istanbul: Memories and the City*. London: Faber & Faber, 2006.

Pope, Hugh and Nicole. *Turkey Unveiled: A History of Modern Turkey*. New York: The Overlook Press, 2004.

Runciman, Steven. *A History of the Crusades, Vol.1-3*. London: Penguin, 1990.

Scott, Alev. *Turkish Awakening*. Faber & Faber, 2014.

Seal, Jeremy. *A Coup in Turkey*. Chatto & Windus, 2021.

Stone, Norman. *Turkey: A Short History*. Thames & Hudson, 2014

In-Flight Turkish. New York: Living Language, 2001.

지은이

샬럿 맥퍼슨

1979년부터 튀르키예에서 살고 있는 미국인이다. 인디애나대학교 대학원에서 우랄알타이제어와 우랄알타이 지역의 역사를 전공했다. 인류학 석사학위를 갖고 있으며, 1980년대에는 튀르키예와 중앙아시아에서 튀르크 제족을 대상으로 광범위한 조사를 수행했다. 이스탄불의 미마르시난대학교 사회인류학과에서 강의 중이고, 여러 편의 학술 논문과 몇 권의 책을 저술했다. 현재 이스탄불의 튀르키예미국문화협회(Turkish- American University Cultural Association)의 부회장을 맡고 있다. 지난 10년 동안 유명 영자신문의 정규 칼럼니스트로 활동했고, 현재 이스탄불에 살면서 영어 원서 대형서점인 그린하우스를 20년째 운영하고 있다.

옮긴이

박수철

고려대학교 서양사학과를 졸업하였으며, 현재 번역 에이전시 하니브릿지에서 출판기획 및 전문 번역가로 활동하고 있다. 옮긴 책으로는 『역사를 바꾼 위대한 장군들』, 『열정, 몰입, 혁신이 넘치는 신뢰 주식회사』, 『창조성, 신화를 다시 쓰다』, 『5분 철학: 누구나 궁금해하지만 답할 수 없는 80가지 이야기』, 『1434: 중국의 정화 대함대, 이탈리아 르네상스의 불을 지피다』, 『돈의 거의 모든 것: 돈의 복잡한 시스템을 한 권으로 이해한다』, 『하우스 스캔들: 은밀하고 달콤 살벌한 집의 역사』 등 다수가 있다.